流媒体时代的日常、展示与形象

—— 张晨 著

中国美术学院出版社

目 录

绪论 1

第一章 混合现实中的技术与日常 13

第一节 技术——为了占领日常 15

一、流媒体的形态 15
二、被"隐去"的色情直播 21
三、中国网络直播的发展 25
四、手机摄像头的助力 29
五、流量、数据与通信技术 32
六、关系性漫视 39

第二节 日常——被谋划的平等 46

一、日常超市入口 47
二、一飞冲天的"中国式"直播 53
三、一镜到底的"日常"空间模块 63
四、公众空间的开发商 71
五、数字异化的平台 75
六、生产与消费的生态学 82
七、日常生活批判理论 89
八、被覆盖的自媒体 We-Media 97

第二章 展演性社会的完成态　　　　　　102

第一节 情境的展示技术　　　　　　　　103

一、身体管理学　　　　　　　　　　　108
二、民主化美颜　　　　　　　　　　　111
三、表演性的弹幕　　　　　　　　　　116
四、围观的力量：情感共同体　　　　　123
五、铸"形"的人工配件　　　　　　　129
六、理想的自我表演　　　　　　　　　135

第二节 从观看到参与：情感体验的需求转向　141

一、心灵投射场　　　　　　　　　　　142
二、"主体"梦工厂　　　　　　　　　150
三、展演性社会——"景"观到"奇"观　157
四、被情感经验包裹的口语　　　　　　164
五、展演性社会的三元结构　　　　　　169
六、社交帝国：从未中性的展示　　　　172

第三章 日常形象的政治　　　　　　　　　180

第一节 抽象的形象生产者

　　　　　　　　　　　　　　　　　　182
一、美食主播形象的演变　　　　　　　184
二、"主播"与形象　　　　　　　　　　191
三、主播形象的文本生产　　　　　　　199
四、作为商品的形象　　　　　　　　　204
五、客体化的形象　　　　　　　　　　211

第二节 具象的形象发明者　　　　　217

一、形象的政治技术属性　　　　　　　217
二、政治的形象和形象的政治　　　　　226
三、野生的言说与形象　　　　　　　　231
四、艺术中的形象　　　　　　　　　　236

结语 250

参考文献 254

鸣谢 266

绪 论

从 2015 年直播元年至今，网络直播似乎已经不再是一个值得热烈探讨的话题，那些偶然被直播记载下来的大事件也随着更多的社会奇观被迅速抹去。桑德怀恩（Sandvine）在 2021 年全球互联网现象报告中指出，视频流、游戏和社交媒体的门户网站约占所有互联网流量的 80%，也正是受 2020 年开始的全球新冠疫情影响，迫使我们习惯投入以网络社交媒体为平台的工作、会议和娱乐休闲中。公共空间和私人领域纠缠不清，时间似乎从字典中抹除，日常路人随时变身网红形象，这一事实也不断强化我们的认知：我们日常的一切与技术是不能分割的。流媒体技术为社交媒体／自媒体在互联网开辟了更广阔的商业战场，新冠疫情更是加速了网络技术的发展和短视频、慢综艺的走红。当下探讨和回顾已不烫手的网络流媒体时代稍显迟钝，正如流行的事件仿佛在当下就已成为历史，或许在未来很短的时间内，我们所探讨的内容也将缺乏时效性。尽管如此，我们还是应该清楚地了解这一媒体技术在今天是如何被使用，以更冷静的分析厘清直播这个商业战场背后技术所隐喻的可畏性和可期性，记录其在当下社会中的作用。现有的相关学术性研究相对薄弱，传统的学术论述角度大多来自传播媒介理论，分析网络直播内容、运营模式、受众心理以及狂欢体验的表象研究，鲜有从情感卷入和表演理论视角提出情感认同的动机分析，也未曾明了背后被整合的社会资本逻辑关系如何塑造我们的主体性。本书将从网络流媒体直播挖掘新的研究视角，提出一种关于网络日常形象微政治的可能性，梳理今天日常之变化，展示之意味，形象在流媒体技术的推动下又发生何种转变。居伊·德波（Guy Debord）和亨·列斐伏尔（Henri Lefebvre）重新解释了景观社会中关于日常的定义，流媒体时代下的日常状态则已更新升级，混合现实下的观看与参与并置，自身性与社会性纠缠重叠。本研究试从社会学、语言学、艺术学、传播学、精神分析学的交叉学科角度去研究直播中的日常形象展示，探讨塑造形象背后的展演性社会，媒介化的日常政治意涵。当然，这种方法有其局限性，我的对话者众多，涉猎的研究范围很广，造成了在研究方面为概括全面而失深入的倾向，但我希望它可以作为一个充分的盆景式地图，显现出今天我们是如何上演我们的日常，又可以如何艺术地去想象和发明形象的面貌。

网络流媒体直播是在实时流媒体技术推动下，通过视讯方式，同一时间接收网络现场直播双向互动的媒体技术。2022年，网络直播的热潮仿佛渐渐远去，只剩下游戏主播和网红带货直播依然受到流量的爱戴。我们也还是偶尔享受慢综艺的明星私人生活曝光，办公中监控保姆的日常带娃和社交应用里博主的生活好物分享。中国的网络直播从最开始电脑端以聊天交友为目的的视频聊天社区QQ视频聊天、9158秀场直播再到YY语音开发的游戏专业选手直播，此后诞生了一系列以游戏直播为发展重点的虎牙、斗鱼、熊猫等平台，这些平台在短短几年内崛起又衰败，迅速迭代。流媒体技术为人类传播科技带来了又一次革新，实时、互动的传播模式搭配4G、5G网络速度，带领着公众走向了全民展示的时代（图1）。直播从PC端转向移动端，日常的泛娱乐直播和造星直播，最终以每日保持几千万粉丝的薇娅、李嘉琦电商直播成为最大赢家。或许有一天，随着后浪涌来，直播电商也将成为流量历史的弃儿。

图1 斗鱼网络直播平台截取的泛娱乐直播页面

研究主要以斗鱼、映客、虎牙等国内网络流媒体直播专业平台及抖音、小红书、淘宝等直播嵌入式社交平台为观察样本。在这些平台中，所有的用户皆可通过免费注册开通个人直播间。网络直播从2016年开始井喷式发展，因此关于网络直播的学术研究集中在相近几年的讨论；2019年开始，网络流媒体直播已不再是热搜关键词或者各大风投竞相追逐的投资项目，之后产生的相关研究论述则更少。国内的学术研究以这几类为代表：1. 分析网络直播平台的运营和盈利模式[1]；2. 针对流媒体直播中的场景特性和狂欢体验[2]；3. 研究直播用户参与式的文化普世[3]，解读其中的互动机制[4]；4. 从道德角度分析直播平台主播及直播内容的乱象以及对策研究[5]；5. 满足个体窥视欲的"凝视"理论[6]和心理学分析用户的行为动机[7]；6. 网络直播间作为一个实体与虚拟结合的新部落，通过互动和情感体验表达自身价值，获得圈内认同，集结文化群体[8]。这些研究主要从传播学的角度理解网络直播的互动模式，未继续深入社会语境去理解资本始作俑者所企图隐匿的平台内部层级结构。还有部分文章分析流媒体技术时代种种直播奇观案例，道德谴责阶层不均造成此产业的输出类别窄化，关注于如何在网络直播平台方兴未艾的乱象中警惕成为资本主义的消费符号，并对直播平台的未来提出预测和建议[9]，但这类建议又将希望过多地寄予

---

1. 张永安、王学涛：《网络直播平台盈利模式、利润变化及驱动因素——基于欢聚时代的探索性案例研究》，《中国科技论坛》2017年第12期，第182-189页。

2. 袁爱清、孙强：《回归与超越：视觉文化心理下的网络直播》，《新闻界》2016年第16期，第54—58页。

严晓芳：《场景传播视阈下的网络直播探析》，《新闻界》2016年第15期，第51—54页。

3. 王春枝：《参与式文化的狂欢：网络直播热潮透析》，《电视研究》2017年第1期，第83—85页。

4. 黄莹、王茂林：《符号资本与情感能量：互动仪式链视角下网络直播互动分析》，《传媒》2017年第8期，第80—83页。

5. 赵智敏：《基于"五常"传统伦理视角的网络直播行为失范与规制》，《郑州大学学报》2019年第5期，第120—123页。

6. 章然：《文化视角下的映客直播App传播研究》，硕士学位论文，南京师范大学，2017年。

7. Xu Y, Ye Y. Who watches live streaming in China? Examining viewers' behaviors, personality traits, and motivations. Frontiers in Psychology, 2020.

8 吴宁、苏幼真：《网络直播间：新部落的建构及其亚文化特征》，《现代传播》2017年第39期，第10页。

9. 兰茜：《网络直播现象中的视觉文化解读》，《新闻研究导刊》2017年第7期，第285页。

政府发布的对应政策。就社交媒体应用层面，呈现草根阶层各种奇观现场的网络新闻报道也很多，文化研究对此类文章的回应都试图理解其中奇观的意涵，应对中却充满着中产阶级意识形态解释的武断[10]。2020年起，相关的研究论述更多则停留在直播带货所引起的消费行为研究[11]，提出消费理性的应对办法，引导加强行业自律[12]。

国外关于网络流媒体直播的学术研究并不多，虽然流媒体技术最早产生并应用于美国，但一直未成为主流。全球市场中有很多镶嵌直播功能或专业的直播移动应用，Facebook Live、Twitch、Periscope、TikTok、Zynn、Live.me 等。与中国类似，专业的直播平台多停留在电竞主播的游戏教学及明星、专业型主播与粉丝的互动。在嵌入直播功能的社交媒体应用里，直播内容类型则多为年轻人展示才艺、分享生活和直播带货。有西方研究从公民参与的角度看手机直播的总体趋势，并分析直播过程中公民进行内容生产的动机[13]；还有研究者通过民族志的方法，结合网络游戏直播，对网民自发组织的非正式社区及社会化行为进行研究，通过该研究对于在线社区的未来发展做出参考[14]；还有文章则讨论网络直播在商业中的潜在影响，通过对商业体育赛事网络直播历史的分析，对直播的合法性进行界定[15]。2018年，T.L.泰勒（T.L. Taylor）以西方的游戏网络直

10. 霍启明：《残酷底层物语，一个视频软件的中国农村》，http://mp.weixin.qq.com/s?__biz=MzAxOTMxNTUxNw==&mid=2651173228&idx=1&sn=570867d86c95eaef7fbab263655959bc&scene=2&srcid=0608ZfihoOSwCaSvPP8ipkIQ&from=timeline&isappinstalled=0#wechat_redirect, 2016年6月。

11. 吴嘉宝：《网红直播对受众非理性消费行为的影响探究》，硕士学位论文，江西师范大学，2020年。

12. 黄楚新、吴梦瑶：《我国直播带货的发展状况、存在问题及优化路径》，《传媒》2020年第17期，第11—14页。

13. Dougherty A. *Live-streaming mobile video: production as civic engagement* // Proceedings of the 13th international conference on human computer interaction with mobile devices and services. 2011, P.425-P.434.

14. Hamilton W A, Garretson O, Kerne A. *Streaming on twitch: fostering participatory communities of play within live mixed media* // Proceedings of the SIGCHI conference on human factors in computing systems. 2014, P.1315-P.1324.

15. Edelman M. *From Meerkat to Periscope: Does intellectual property law prohibit the live streaming of commercial sporting events*. Colum. JL & Arts, 2015.

播现象写出了她的奠基之作《看我玩》(*Watch me Play*)[16]。在书中她指出：游戏直播将私人游戏和公共娱乐相融合，探讨了竞技性游戏社群文化；也出现了从互联网民族志[17]和情感劳动方面试图探讨流媒体如何塑造人的经验[18]；还有西方学者从技术层面指出流媒体促进亲社会行为[19]。部分学者[雷·奥尔登堡（Ray Oldenburg）]提出直播平台作为"第三空间"的概念，即在工作和家庭之外，个人自愿、非正式的愉快聚会的公共场所所带来的启发[20]；亦有国外学者撰写文章观察中国的网络流媒体直播现象，粗浅认识到中国的直播行业是值得引起多元化、多角度讨论的社会现象[21]。西方学者的网络直播研究中也包括对直播在线社区的发展以及它如何影响用户的行为进行了比较全面的混合研究。他们的调查数据提供了有关西方网络直播实践的见解。

在这些中西文献中，学者们普遍就网络流媒体直播作为一种较新的媒介形态，确认其以互动情感为驱动力构建社会身份认同。多数研究是以特定的主播类型与直播内容展开深入研究，或者表态网络直播作为一种亚文化颠覆主流意识形态地位的重要性。研究者大多拆解网络直播当中的特定符码意义，并对应在意识形态内的主流理论统治架构内。其中部分对本研究角度有一定参考价值的文献从"形象"或"角色"入手，运用欧文·戈夫曼（Erving

16. T.L. Taylor. *Watch Me Play: Twitch and the Rise of Game Live Streaming.* Princeton University Press, 2018.

17. Guarriello N B. *Never give up, never surrender: Game live streaming, neoliberal work, and personalized media economies.* New Media & Society, 2019,P.1750-P.1769.

18. Woodcock J, Johnson M R. *The affective labor and performance of live streaming on Twitch. tv.* Television & New Media, 2019,P.813-P.823.

19. D Struzek，M Dickel，D Randall，Claudia Müller. *How live streaming church services promotes social participation in rural areas.* Interactions, 2019,P.64-P.69.

20. Hamilton W A, Garretson O, Kerne A. *Streaming on twitch: fostering participatory communities of play within live mixed media* //Proceedings of the SIGCHI conference on human factors in computing systems. 2014,P.1315-P.1324.

21. Connie Chan. *Observation on Live-streaming in China.* Andreessen Horowitz，2016.

Goffman）的戏剧理论，从"后台前置"角度，分析后台的行为如何在网络直播的出现后变成前台的角色扮演[22]；直播平台用户通过扮演不同社会角色，以此满足自我情感认同的需要[23]；还有从"场景"角度研究网络直播中的虚拟身份切换如何使人们失去社会约束，缺乏资本警惕而失去主体性[24]；也有论文启发性地从线上直播间如何影响乡村私人空间的公共化过程中，探索日常生活与公共空间的关系潜力[25]。

由于中西方用户的不同互联网使用习惯和各异的文化内涵，中国网络直播所显现的丰富性也并不能被西方学者的研究所涵盖。2018年，Instagram 推出 Reels，Facebook 推出 Lasso 应用都涉嫌抄袭 TikTok（抖音海外版）；Zynn、Kwai（快手海外版）在北美、拉美市场也曾存在巨大竞争力。中国不同电商应用和社交媒体平台、小程序的海外版遍地开花，许多国内传媒惊呼"Copy From China（从中国复制）"的时代来临。为何流媒体技术支撑的直播、短视频平台会在中国引起全民流行，又衍生出多种不同的资本形态，这也是我希望涉及的差异性探究，将流媒体技术下被影响和隐藏的主体性地图全貌浮现。

媒体时代的发展很难依据具体时期划分，社交媒体指互联网上基于用户关系的内容生产与交换平台或工具，流媒体则指代网络传输影

---

22. 贾毅：《网络秀场直播的"兴"与"衰"——人际交往狂欢盛宴文化陷阱》，《编辑之友》2016年第11期，第42—48页。

23. 李雪：《从媒介文化视角看网络直播火爆现象》，《新闻研究导刊》2017年第2期，第278页。

24. 杨冉：《幕布后的表演——场景理论视角下的网络直播》硕士学位论文，安徽大学2017年。

25. 刘鹏、李嘉宜：《直播聊天室：乡村声景与私人空间公共化》，《中国广播》2022年第1期，第15—20页。

音的技术与过程。在图 2 中，我粗暴地以不同属性的名称划分媒体时代的不同发展时期，因为不论是媒体的内容生产工具还是媒体技术，都在那一时期因其产生而彻底改变了公众使用日常的方法。社交媒体到流媒体时代的更替更像是在媒介和条件有所交叉的情况下的自然过渡。社交媒体时代中，流媒体技术及协议已经发展起来，专业的直播平台也已经流行，只是在新冠疫情的大背景下，过去有关一切知觉的感受力更偏向视觉化，公众已经习惯了嵌入直播功能的社交应用，恰似完全嵌入肢体的媒体日常。

时期	媒介	背景	受众类型	角色关系	互动方式	传播方式
传统媒体时代	电视、电影	受媒体介质类型的影响，观看电视及电影在私人及公共的室内空间	负担得起电视购买及电影票价的家庭及个	主体与客体关系分明，单向传递	少量、反馈滞后	由上至下
社交媒体时代	移动互联网终端、PC端	4G及5G移动通讯技术、自适应流媒体技术的发展、宽带普及	使用互联网的个人	主客体定位模糊，双向传递	大量、反馈及时	弥散性
流媒体时代	移动互联网终端、PC端	新冠疫情大流行，5G移动通讯技术、自适应流媒体技术的成熟、宽带普及	使用移动客户端的个人	主客体定位模糊，多向传递	大量、反馈及时、将日常视觉化	弥散性

图 2 传统媒体、社交媒体与流媒体时代受众及传播方式对比图

研究流媒体时代的日常、展示与形象的意义正是希望越过停留在表象研究的主流叙事方式，在已经被进阶资本景观形式收编的情感劳动手段——网络流媒体直播之中，以台前幕后被展示的日常形象为切入口，将肉感、尴尬、

无聊日常背后被遗漏的关于艺术想象的可能性夺回。从更深入的意义上分析技术和资本合体更新的"展演性社会",以便理解几亿人是如何参与到"形象"主体的范式中,并可能展现它同时赋予权力和削弱权力的复杂面貌。

研究所侧重的"泛娱乐日常直播"多指网络平台上"泛娱乐"或"娱乐天地"目录下与主播高度相关的直播类型,以观众和主播的日常交流互动以及日常生活叙事为主要内容,包括日常工作、生活、聊天、音乐及户外类型的互动直播,其中也涵盖娱乐类签约主播的日常唱跳陪聊。网络流媒体直播中的日常现场是一个由空间、形象、声音、语言、屏幕元素构造的复杂体:展示现场(被细心打造或自然发生的情境)、生产现场(受众和主播的观看、参与作为一种活劳动)、梦境(想象情境溢出的人物关系和影响)的三者重合。直播间充满矛盾和想象力开发,是一个涵盖投机、金融工程和话语操纵的权力自构空间,但也同时是一个混合着想象、即兴和欲望的能量场所。

网络直播平台本身的资本逻辑和隐藏在背后的资本累积制度,并不是我着重涉及的问题,同时,研究采用中国流媒体平台中的日常直播案例做切片,原因在于虽然美国最先使用直播技术用来开展色情直播,但是中国借用流媒体技术的发展,不管是在日常展示直播中的多样性内容生产还是受众阶层的大面积覆盖都产生了一系列更复杂的混合现实(Mixed Reality)。我们无法想象如果不去创造自己在这个流媒体社会的形象,还应该如何生存,如何辨识他人,于是公众卷入了一种不断创造并表现着自我的形象、不断投入他者的主体性生产中。网络直播的日常丰富性也印证着公众的自我主体性来自将主体性客体化这一过程,我将通过针对中国网络直播所呈现的这种丰富性的内在剖析,试图探讨展示、日常、形象的概念之于居伊·德波对景观社会的描述,列斐伏尔对日常生活的判断,都在今天发生了什么变化。些许武断的日常形象展示又可否成为一种主流意识之外,政治、艺术实践的可能。

无法推脱的是,本研究应用了精神分析、日常理论、媒体语言分析及语言学的相关理论,研究面广泛,或许会陷入无法统筹深入的问题。但也正是因为网络流媒体的日常直播所涉及的方方面面促成了它丰饶的地貌,希望通过此书得以展现,引起更多学者的探讨和切磋。书中也未涉及当下很火的ASMR(自发性知觉经络反应)直播,此类直播从助眠初衷发展到色情暗示而被禁,主流的资本技术开发限制了它内在的主体性知觉想象力的触角,在此暂未涉及。本研究的方法论基于案例、数据分析和理论研究相结合,每个章节以网络流媒体直播案例展开分析,试图以具体的案例推导直播事件背后个体、集体、平台的诸种相互影响的因素。研究的问题是网络流媒体直播中的日常展示生产如何被运作,使被资本裹挟的真实轮廓得以被描绘;又如何定义新的媒介环境下被升级的"展演性社会";也同时想象日常形象作为一种政治实践之可能,以及千万个形象背后所蕴藏的能量。研究采集分析各类数据网站的信息并进行对比,梳理流媒体直播的用户生态构成,同时将亨利·列斐伏尔、居伊·德波、欧文·戈夫曼等人的理论放在当下的流媒体时代中,推导当下日常、景观社会、形象之变化,并从表演理论学家巴兹·克肖的非剧场表演实践出发,演算当下的日常形象建构。

每一章都有主要的议题,章节内部也划分成"外"和"内"的两个区块,第一章"混合现实中的技术与日常"将围绕关键词"日常",作者将从"外"的方面,以流媒体技术的历史,其中包括色情直播、移动设备及移动网络的日常技术的发展引向"内"部,关于直播平台的界面设计、内容模块,论述日常在流媒体技术更新后的转变,流量数据催化下的数字资本运作,以此来探讨被包装的日常如何在直播平台创造梦想工厂的主体。以及在媒介化的日常生产中,人们又如何全情地投入以身体为前线的生产与消费生态中,这其中还将谈到中国日常网络直播全民流行的特殊性。在第二章"展演性社会的完成态"中,首先由为了情境的"外"展示技术来阐述流媒体直播技术所建构的"展演性社会",讨论以情感互动为基础的直播技术营造的情境空间,从辅助直播效果的媒介形象工程——美颜应用、弹幕,皮肤加持和打赏机制这些新技术如何促进主体性的客体化,形构出资本与技术合体下景观社会的升级形态,分析它又如何从"内"将无形的奇观应用牢役变成泛起波澜的心灵投射场,以及在新的技术媒介环境之中展示性和表演性形成的主体、中介、客体的三元混合认知结构。在第三章"日常形象的政治"中,围绕关键词"形象",以网络直播中美食主播形象的变迁为引子,分析媒体形象背后的权力运作及名人的形象经营等去揭示在政治属性的技术创造下,形象如何塑造权力、如何成为知识。在研究结束时,我将试图以五位艺术工作者具体的艺术实践去推动想象日常形象的边界。日常形象作为展演性社会中表演性的建构,在流媒体技术的助力下是否可以通过艺术的想象力去摆脱权力的传布模式,形成千万个临时的主体,在千万个即兴中以肉身表演相搏,在整齐划一的定式形象中,使不安分之特性浮现,为日常形象的政治重新定义。

第一章
混合现实中的技术与日常

2020年起新冠疫情爆发至今，全球累计确诊病例已达3.7亿人。我们已经无法说清到底是因为疫情影响还是社交媒体的飞速发展，以至于我们如今几乎无法适应非网络化的日常。从2017年阿里巴巴创造的淘宝时代开始，双十一[1]一夜1682亿的营业额只成为公众屏幕界面的数字。"我"沉溺于各种社交媒体中，被生活博主安利好用的家居用品，在薅羊毛的分享中被大数据所标记。在随后的淘宝各种相关产品的推送链接轰炸后，"我"慢慢成为88vip[2]，再用"我"的积分等级兑换迪士尼门票，在小红书分享平台上经验打卡。最终，"我"也成了资本隐藏闭环中的一个数据。亨利·列斐伏尔生活着的那个时代出现的新媒介是电影、电视传统的大众媒体，他面对的现实以及对技术发展的判断使日常（Everyday life）成为拯救之策略，可以拿回来能动性地日常生活。随着社交媒体的出现和发展，它与传统媒体之间的关系越来越纠缠不清，并且侵入公共生活的所有领域，包括法律、政治，等等。日常被重置，生活在其中的我们也被强迫更新关于日常的感知和行为准则，否则就会"去社会

---

1. 每年11月11日是阿里巴巴淘宝平台举行的网络促销日。双十一作为我国极具代表的消费节点，已成为中国电子商务行业的年度盛事。
2. 88VIP，阿里巴巴会员体系中的一种拥有等级，会员在享受专属大额购物券和部分商品优价之外，拥有在日常的购物、支付、极速退款等方面特权。

化"。社交媒体的产生最直观的改变正是把对公共事件的关注转移到日常生活的场景中。随着流媒体技术的发展,又使得日常的场景变为了时时在线。我们当初对自媒体(We Media)的期待现在只剩下对社交媒体应用的无尽开发。媒体技术为生产和资本服务的当下日常意味着什么?流媒体技术加持下,自媒体的"自"又是如何消失的?这是第一章笔者试图去剖析的问题。

第一节 技术——为了占领日常

社交媒体平台在过去的十多年中已经深入我们的日常，Facebook（现更名为 Meta[3]）、Twitter、微博、小红书、抖音、微信飞速地渗透于公共传播中。今天我们无法忽视一个现实，任何信息都可能大规模传播，并且成为政治和知识，新闻也并不再是少数机构的特权。公众原本因此对媒体技术投射着许多愿景，然而通过社交媒体应用为我们提供的"移动性情感"网络，技术仅仅只是使日常去功能化。伴随流媒体技术的加持，日常的全部陷入屏幕里，变成了用户可以随时进入的一个现有"时刻"。在一个屏幕中我们所看到的方格都是当下跟"时刻"相关的视频集体，筑成媒体展示的今天，其中公众被追踪，也主动追踪着自己。

一、流媒体的形态

互联网的普及作为第一次的数字革命，它给产业带来了盈利也带来了冲击，但是并未影响其生产模式。实时流媒体（Live Streaming）的产生带来了第二次的数字革命，它不仅仅是传播手段，还有许多表现形式，最让人熟知的当然就是实时流式传输和收集大量关于用户的喜好和消费模式的数据的能力，最终它们交织

[3]. Facebook 在 2021 年正式宣布公司改名为 Meta，将业务聚焦于发展元宇宙业务。但在本书中涉及该社交网络平台时，仍称为 Facebook。因笔者所提及聚焦发生的事件都在该公司更名前，且着重于该公司的社交网络性质。

构成了流媒体时代用户的日常数字实践。

Rank Change	Category	Downstream	Upstream
-	Video Streaming	48.9%	19.4%
-	Social Networking	19.3%	16.6%
2	Web	13.1%	23.1%
-1	Messaging	6.7%	20.4%
-	Gaming	4.3%	1.9%
-2	Marketplace	4.1%	1.2%
2	File Sharing	1.3%	6.6%
-1	Cloud	1.1%	6.7%
-3	VPN and Security	0.9%	3.9%

GLOBAL APPLICATION CATEGORY TRAFFIC SHARE

图1 Sandvine2021年全球互联网现象报告

流媒体技术通常被用于互联网和新媒体服务，基于TCP/IP的互联网传输的基础核心协议，在远程服务器上储存和处理缓存数字内容的传输和检索，内容将不会永久储存在用户设备硬盘，而是暂时保留在缓存中。20世纪80年代，流媒体技术就已经产生，通过将密集的、连续的数据包密封、打开的分配方式进行网络工作。这种工作方式的优势就在于可以迅速通过多门户、多种设备检索并访问庞大的数据库。流媒体一直在数据流量分配上被普遍地使用，只是当时的普遍更多指代在本地网络传输数据，或者在同一台电脑上边观看边录制。慢慢地，十年间才以围绕用户和业余爱好者的内容生产产业的技术组合维度，从当代互联网的边缘走到了中心。根据2021年Sandvine的互联网现象报告（图1），我们可以清晰地看到连续多年流媒体视频平台蝉联排名第一的流量位置，超过了以基于用户关系的内容生产与交换为特点的社交网络平台的两倍流量。YouTube和TikTok是其中的佼佼者，平台所提供的易观性操作和高频更新内容持续捕获着公众的想象力。在数据流量统计中,视频所占移动网络所有流量的48%。根据报告的意见,企业和平台都在遵循"视频至上经济",随着企业数字化发展,更多的服务将由视频替代,远程工作可以替代面对面的沟通和会议。在2020年5月发布的《移动互联网现象COVID-19焦点报告》也预示了"视频至上"经济的现象,Google Classroon虚拟课堂的下载量同年获得204%的激增,zoom在线会议应用则是获得390%的大体量增长。

流式广播可以说是受到互联网流媒体技术影响最早的流媒体技术形态,在20世纪90年代这类先锋流媒体在一开始都集中于音频内容。因为音频从独立的因特网无线电接收器上接收,不需要巨大的视频数据容量。接着受到影响的行业就是音乐唱片制造业,音乐流媒体服务诞生。苹果公司在2003年建立了合法的下载服务iTunes;同期基于用户生产内容(UGC)的视频流媒体服务网站YouTube还有MySpace也开始加入了音乐流媒体行业。

虽然20世纪90年代的流媒体行业发展主要凸显在音频内容上,但随着宽带的扩展和更有效的文件压缩技术和传输协议迅猛发展,小型规模的视频流媒体开始运行。观众可以根据自己的时间,按需检索选择观看和收听的内容。各种便于视频内容流式传输的软件工具(如

Flash Player)、数据压缩方法也参与助力,因为视频文件包含大量信息,压缩有效地解决了传输和存储信息的问题,流媒体技术开始扩展到所有的传统媒体行业。

经典流媒体技术服务的典型参考代表Netflix公司在这里不得不扩展提及,正是因为流媒体技术的发展,它从需要硬件支撑的线上线下媒体租赁公司成功转型为提供媒体专业内容的制作平台。1997年以DVD租赁业务起家,Netflix公司选择和DVD播放机硬件巨头公司索尼和东芝达成合作,2007年转为付费流媒体的商业模式,提供专业制作电视剧和电影访问的订阅服务,同时发布所有剧集的模式也瓦解了传统媒体节目固定时间播放的线性流程。2011年,它从贩卖内容发行转到原创内容制作。美剧《纸牌屋》(*House of Cards*)大获成功后,公司对数据的挖掘细节已经不断被媒体报道和讨论,Netflix利用用户互动数据衡量消费者对新节目的兴趣,根据用户行为建立起数以百万计的用户档案,通过数据把用户分类并向不同的用户推送其感兴趣的流媒体节目。这些数据包括用户的观看日期和时间,用户评级和搜索,甚至快进、暂停的段落[4],利用观众的观看习惯将消费者的偏好分类,通过数据战略将特定选项呈现在用户的屏幕上,即使还未进入拍摄阶段,公司也可以根据数据来判断剧本是否值得购买,敢于未经试播就投资数亿

[4]. Zach Bulygo, *How Netflix Uses Analytics to Select Movies, Create Content, and Make Multimillion Dollar Decisions*, NEIL PATEL, https://neilpatel.com/blog/how-netflix-uses-analytics, 2018.

于新的剧目。虽然流媒体技术扩展到传统媒体行业，但这时仍然集中为媒体巨头巩固自身资本跃动增长所用。

伴随宽带的扩展，有了更有效的文件压缩技术和传输协议，以及能够智能感知网络质量，动态调节视频编码速率，从而提供高质量、平滑视频技术的自适应流媒体（Adaptive Streaming）产生，在此助力下，2005年Youtube迅速成为当时流量最大的视频流媒体服务平台。不同于只能播放专业制作内容的服务平台，它为用户提供了上传自创内容的便捷手段，也正是面向用户提供生成内容的服务将流媒体技术推向了互联网的中心位置。

直播流媒体服务则是以Twitch公司带头进入游戏领域开启了流媒体形态的下一个征程，后期崛起的还有Xbox Game Pass、Google Station和Playstation Now等。当然还有成人直播领域。2007年Twitch的前身Justin.tv是早期关于所有类型直播的通用平台；2011年从原平台中将最受欢迎的游戏直播分离出来命名为Twitch.tv；在2014年该公司正式转向游戏内容，重命名Twitch Interactive，不久被亚马逊公司收购。平台定位用户群体为游戏玩家，而不是迎合所有类型的用户，通过投资独家电子竞技比赛与游戏公司开发合作的方式运营。2016年又开始在平台增加非游戏流媒体的类别，开放了生活类流媒体种类。后起的Instagram、

Twitter、Facebook 和微博、小红书等都属于社交平台，也开始在平台嵌入直播的功能，比如 Facebook 就建立了直播服务 FacebookLive。流媒体技术所提供的按需检索、点播功能原本应该"威胁"着基于实时传输的传统电视行业，然而有趣的是直播流媒体服务扩展了专业内容与基于用户生成内容类型之间的交融，也体现着其无法撼动的优势——真实性。

流媒体在过去的几十年里，从边缘走到了互联网的中心，其形态被嵌入不同社会技术组合的嬗变历史也充分展示了不同领域的资本战略演变。在这一节当中未提及存在差异性的中国电子商务平台生态系统中直播服务的重要作用，仅涉猎了关于流媒体历史流变中的各种节点形态。不论是本书着重谈及的直播 UGC 平台或者 Facebook、小红书这样的社交平台，Netflix 专业内容输出平台、YouTube 基于社区的业余视频分享网站，流媒体形态之间的分割并不稳定，也不存在有限的定义，而是不断在之间协商、合作和进化。当然在流媒体技术的历史和形态应用的景观中也可窥见各类 UGC 的开放平台和专业内容生产之间一直处在纠缠和紧张的关系当中，直播成为众多平台技术基础之上必不可少的器官。

二、被"隐去"的色情直播

隐藏着的还有一条关于最初流媒体直播个体的线索。1996年,美国一名19岁女大学生詹妮弗·林利(Jennifer Ringley)开设了网站JenniCam,她在宿舍使用"拨号上网"的方式,以电脑的摄像头记录自己的日常,并公开分享给了登录自己网站访问的在线陌生人。黑白的长时间静止画面,每15秒才能看到下一帧,分享的正是詹妮弗看上去普通的日常,不是学习,就是去上学后空荡荡的宿舍,最高峰时期有400万用户浏览。1997年她在搬去美国华盛顿后,在新家安装了更多摄像头,并在网站开设每年15美金的订阅收费访问,收费用户的画面速度比免费用户更快。在网站上她还以其他形式满足了用户对她私人生活了解的需求,观众可以在网站阅读她的诗歌,给她发邮件交流。日常的直播生活包括上午她在睡觉,中午开始在电脑前工作,回复用户的700多封邮件到午夜。直到林利的男友每隔几周看望她时出现的日常亲密画面被直播后,渐渐地,她遭到了部分网友的质疑,并于2003年底关闭了直播。她曾在采访中表达:"这个网站并不是色情网站。它不时包含裸露的内容,可是现实生活也包括裸露。这不是一个关于裸体和性材料的网站,它是一个关于现实生活的网站。"[5] 林利努力呈现的是非表演化的日常生活,但同时网站也社

5. Ringley, J. *JenniCam – Frequently Asked Questions.* http://www.jennicam.org/faq/general.html, 1998.

会性地公开提供了一个窥视女性卧室的窗口。

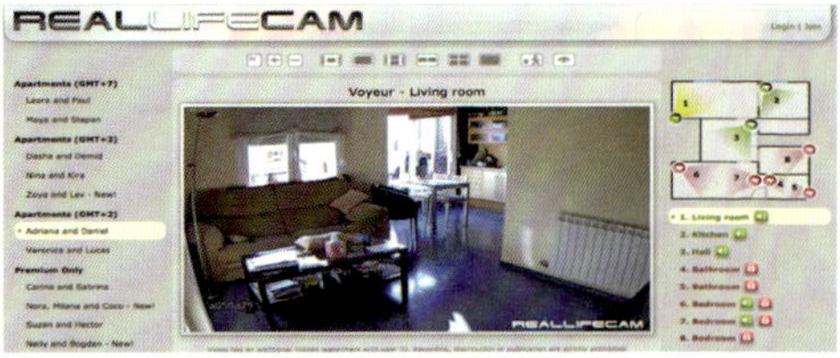

图 2 Reallifecam 网站 24 小时无死角监控直播日常生活（部分房间需付费）

2012 年，第一个拥有多个住所实时摄像头的商业 24 小时监控网站 Reallifecam（图 2）推出，依靠简约直观的用户界面、强大的技术细节设计和便宜的收费标准完美满足用户的窥视需求，获得极大欢迎。直播参与者免费住在高档公寓，他们可以从平台获得每月或每两周一次的工资以及产生流量后的奖金，用户则是按月或按季度付费观看直播摄像头。尽管个人网站 JenniCam 或商业网站 Reallifecam 并不全是以满足身体展示和性幻想为目的，但是它们都邀请用户以主播的身体作为欲望的画布来创造意义。尽管 JenniCam 和 Reallifecam 只是展示了日常的无聊肌理，但屏幕背后带着窥探欲望的用户扩大了流媒体直播技术的潜力，资本开始向着成人直播领域猛攻。

流媒体的历史中更浓墨重彩的一笔却未曾在正式的各种研究报告中展示，那就是成人娱乐产业比游戏领域更早地推动了流媒体直播技术形态的发展。媒体技术的开发从 VHS 转向 DVD 格式，在线下载到实时播放[6]，全球的

[6]. Harry Tucker, Whether We Like It or Not, Porn Rules Our Lives and Has Changed the Way We Live. This Is How, NEWS.COM.AU, https://www.news.com.au/technology/online/social/whether-we-like-it-ornot-porn-rules-our-lives-and-haschanged-the-waywe-live-this-is-how/news-story/2735d8b8b5c72246db3f8ef06c9364b2, 2015.

成人色情产业在传统媒体盛行期已经布局网络市场，包括以图像和录像为特色的免费、付费观看网站，出现了如 LiveJasmin、Camsoda、Chaturbate 这些最早使用视频女郎（cam girl）的平台，平台使用网络摄像头进行成人现场表演，客户通过购买代币付费观看这些表演并且与之进行互动。Customs4U 网站则是提供客户定制服务，网站界面允许用户选择表演者和影片类型、视频格式和图片分辨率。如果表演者接受了客户的订单就需要完成视频并上传到网站。色情行业总是对新技术积极拥抱并即刻回应，灵敏地抢占资本市场，如创建于 1997 年的 Voyeurweb 成人网站，就最早开始采用无须任何附加插件的早期流媒体播放技术，用户的在线播放需求推动了流媒体技术的快速进步。作家刘易斯·珀杜（Lewis Perdue）就曾表示："28.8K 猫时代的程序员们为了让付费用户看上性爱画面而对在线播放软件进行的极致优化，是今日 CNN 得以通过网络快速传播新闻视频的技术基础。"[7]

　　流行技术的历史从来都不是用户想要关心的问题，甚少相关的学者才会问津，因此公众更不会注意到 Youtube 的起源是由于 2004 超级碗表演中女歌手珍尼佛·杰克逊（Janet Jackson）暴露私密部位的视频。然而 Youtube 当下并没有意识到在线视频技术的潜能，成人娱乐广播网（AEBN）却看到了流媒体视频

[7]. Carlos Gong:《色情推动技术——成人网站的用户体验比Youtube好》,http://www.geekpark.net/topics/155894, 2012.

技术在产业内的契机，于 2006 年 7 月创造了 PornoTube[8]。这个网站是首个免费的、用户可自行上传的性爱视频在线集合器，并影响了后期流媒体技术在 Youtube 上的大规模采用。因此它的创立是个革命性的决定，因为在成人娱乐产业之前的历史中，观众并不能在一个平台快速地免费获取海量信息。另一个与之并驾齐驱的公司 MindGeek 也不得不提，因为它创造了另外一个直至当下依然处于头部的色情网络平台 Pornhub，该公司在 2003 年创立之后通过收购、整合包括 Reality Kings 和 Twistys 等各类品牌公司，加上技巧性的营销活动使得网站家喻户晓。不同于传统成人娱乐制造业的电影制作发行和宣传的做法，它与 Facebook、Google 一样，其核心业务就是数据的打捞和创造[9]。它声称在其 1000 人的团队中雇佣超过 400 名工程师和软件专家，工作包括主播的特定姿势、拍摄角度、对话，包括背景的视觉元素以及用户使用痕迹，如浏览和搜索历史记录，年龄、性别等对数千万次用户的观看数据挖掘。基于 Pornhub 以及 Porntube 的品牌信用度，用户们放心地搜索和观看自己喜爱的视频，然而事实上这些"隐私"信息默默被平台打捞、分析、变现。这决定了成人娱乐的未来发展，并形成了色情行业可循环的生态系统。在这个系统中，点击率最多的成人视频会获得平台关注和助推，吸收了诸多视频模仿生产者，于是出

8. Herald S M, *Porn Makers Tap into Internet Social Networking Trend*, Sydney Morning https://www.smh.com.au/national/porn-makers-tap-into-internetsocial-networking-trend-20070112-gdp87j.html, 2007.

9. Keilty P. *Desire by design: pornography as technology industry.* Porn Studies, 2018.

现了无数同质化的成人内容生产。

色情、游戏直播等娱乐性内容是最早实现流媒体直播平台增长的类型，色情直播网站是以"性"为驱动力的直播秀典范，更多成熟的平台设计被不断地从色情业借用到其他的媒体形态中。游戏网络直播早期也是录播形式，起到帮助游戏初学者的教学作用，需要游戏主播经过录屏软件录制和精心文字解释的后期处理。实时流媒体诞生后，受众则大都选择了更实时、能与主播互动、现场学习的直播方式。在流媒体发展的历史中，不论是色情或者游戏直播都是网络媒体演变脉络中抹不去的两座高峰。虽然同为资本推动技术的又一力证，它们也显现着一种关于社会主体与客体之间游戏性的复杂关系。

三、中国网络直播的发展

国内最早的直播来源于传统电视新闻直播技术，1997年被称作中央电视台的直播元年，同年播出了香港回归、党十五大召开和长江三峡截流这些重要活动的现场电视报道。2005年之后，以互联网点播形式为主的土豆、六间房、优酷等网站纷纷成立。2008年的经济危机加大了这些视频网站运营的难度。六间房开创了"秀场"直播的模式；9158视频聊天社区诞生，直播形式都是以签约主播展示游戏竞技和唱歌跳舞等才艺，这也正是中国网络流媒体直播的原型。2003年，电子竞技虽然被体育总局列为正式运动项目，但是其被禁止以电视直播的方式播出，观众们无法从传统媒体上看到任何关于电竞的内容，相应的电子竞技行业也经历了当时的低谷期。伴随中国视频网站的兴起，著名网络竞技游戏《英雄联盟》《Dota2》中的职业玩家们的视频录播在互联网开始广为流传，成为游戏迷们学习的最佳方式。2008年，YY语音平台启动，当时只是作为各个游戏平台的语音沟通助手；2012年公司推出视频游戏的直播插件，开始与退役的职业电竞选手签约成为游戏主播，实时在线直播游戏；2014年，斗鱼TV从AcFun平台独立出来；2015年，YY直播也更名为虎牙直播，熊猫直播上线，它们都成为以游戏直播为主打内容的直播平台。游戏直播行业很快走上巅峰，平台群雄逐鹿，电子竞技成为网络直播平台屹立不倒的资本及内容根基之一。弹幕的兴起又形成了以AcFun和bilibili为主阵地的弹幕直播网站。随着当时4G网络的全面铺开和wifi网络的大面积覆盖，从技术和成本两方面又为新兴的日常类直播插上了翅膀。2015年，映客直播和花椒直播相继在移动端上线，翻开了移动端直播的新篇章。其中映客启用了美颜技术，花椒则是注重邀请明星做客直播，从此各个类型的情境罐头成为公众满足好奇心的频繁点击对象（图3）。平台中泛娱乐或娱乐天地目录下的直播，通常指的是与主播日常高度相关的直播类型，主要内容在于观众和主播的交流互动，带有较强的情感色彩与社交属性，也正是本研究所主要观察的类型。

图 3　国内部分主流网络直播平台及典型嵌入直播功能的社交、电商媒体平台

随着中国网络直播从崛起到兴盛，中国的网络直播监管体系也随之不断更新完善，从 2007 年国家新闻出版广电总局出台的《互联网视听节目服务管理规定》、2011 年国务院修订的《互联网信息服务管理办法》、文化和旅游部修订的《互联网文化管理暂行规定》等，到 2013 年出台《网络文化经营单位内容自审管理办法》，都是国家慢慢开始关注网络行业自治的开端。2016 年由于网络直播平台屡屡发生主播言行的不当事件，新闻出版广电总局提出直播平台都必须有运营文化许可证和信息网络传播视听节目许可证，文化和旅游部相应出台《关于加强网络表演管理工作的通知》《网络表演经营活动管理办法》，国家新闻出版广电总局

出台《关于加强网络视听节目直播服务管理有关问题的通知》，互联网信息办公室出台《互联网直播服务管理规定》等规定。至此，中国网络直播内容的乱象才大面积得以消停，主播们开始小心翼翼注意言行，秀才艺不再打擦边球，直播的内容也过滤到正确的主流叙事框架中，不稳定、不合法的内容、形态被完全排除在外。

2012年，快手平台最早启动了短视频市场，只是当时受众聚焦于非中心城市群体，并不被多数的中产阶层所知，直到抖音上线，快手也同时跃出大众视线，真正开启了全民的流媒体短视频时代。正如流媒体历史中各种行业形态的演变，大部分的社交平台都选择包容越来越多的功能应对市场竞争的需求，随之嵌入了直播功能。点播并没有因为流媒体技术的快速发展而完全取代直播的地位。相反，由用户的偏好实践所决定，专业和用户生产内容的直播、点播在联合分工，并影响着各类网络媒体行业。

斗鱼、虎牙这些自下而上发展的专业直播平台，相较于需要在不同设计基础上增加直播功能的微博、小红书等社交网络平台具有不同的优势和劣势。专业直播平台往往以游戏专业内容增加用户粘度，用户数量较小，平台通过挖掘特定的、坚定的用户群体参与，用户之间的互动是内容的重要组成部分。而中国电子商务中，流媒体服务作为其中重要的组成部分显示出平台超越单一功能的重要性以及中国的文化特殊性。淘宝电商开设了直播间，打造了直播带货的风潮，出现了薇娅、李佳琦、罗永浩等头部主播。2022年，受上海疫情影响，又出现了刘畊宏直播引发的全民健身浪潮，新东方英语也转型推出双语带货的"东方甄选"直播。我们并不知道下一个受益于直播的网红是谁，肯定的是"没有不可能红的主播，只有不够噱头的内容"。

公域流量中电商平台如淘宝、京东、拼多多等；内容平台如微博、小红书、抖音、快手、bilibili等用户基数大，但是流量成本高。回应平台的竞争需求，平台内部需要涵盖更多的功能，因此社交媒体通过划分内容类别，增设直播模块，打通内容与销售通道，进行消费转换。不论是专业的直播平台、涵盖直播功能的社交媒体还是电商平台，都在满足小众的特定类型偏好或是针对大众提供广泛和全面输出内容上进行各方最擅长的战略实践。

四、手机摄像头的助力

今日的亲密关系无法逃离技术的樊笼，也无法逃离个人与集体、私人与公共、记忆与经验的界限。我们现存的个人记忆都以数据的形式存储在本地或者云端。小红书、微信、抖音都可以通过移动端实现录制、直播、编辑、上传、分享。公众通过手机自带的vlog处理器和美图滤镜制造自己的图像并以此来调解我们不能令人满足的现实。图像（Image）已经成为信息的核心。夏普J-SH04是世界上第一款能够摄像的手机型号，于2000年10月份正式发布，虽然只有11万像素的后置摄像头，但是它标志着原本传送信息，实时联系的移动通信工具开始携带视觉功能；2004年NEC公司推出30万像素的可翻转摄像头C313型号，首次满足了公众对手机前置摄像头自拍功能的需求；2010年，iPhone4后置相机的像素已经达到500万，搭载1/3.2英寸背照式CMOS感光元件，支持5倍数码变焦、背侧照明及触控对焦，为品牌树立了最佳拍照手机的标签。前置摄像头，虽然仅30万像素，但是它满足了当时用户Facetime视频通话的需求；2011年，韩国LG公司上线了世界上第一台支持双摄头的手机型号LGP925，两颗摄像头均达到了500万像素，引用偏振技术，结合双摄像头合成3D影像；智能手机摄影的新纪元由此开启。同年，卡西欧公司捕捉到公众对自拍美颜的需求，推出了1200万像素的TRYX自拍相机，卡西欧的美拍相机不仅启发了更多移动应用商疯狂开发各类美图移动应用，美图手机也从中获取灵感，发布了历史上第一台以"美颜"为卖点的手机。2013年，诺基亚Lumia1020型号正式在美国纽约亮相,后置专业相机镜头公司卡尔·蔡司认证的 4100 万像素 PureView 摄像头，采用第二代 O.I.S. 光学防抖，并配备 LED 补光灯 + 氙气闪光灯，f/2.2 光圈，4 秒延时快门。根据 2014 年的市场研究机构 TSR（Techno Systems Research）报告数据显示，带前摄的手机市场占比就已经达到 67.9%。2016 年，华为 P9 又与另外一家专业相机镜头公司莱卡合作双摄像头，不谈成像效果是否在当时处于业界领先水准，但与大厂合作的企图也确实是希望赶超美国苹果公司，打造国内最有品质摄像效果的手机型号。在中国销售超出预期的 vivo X7 型号手机前置 1600 万像素摄像头甚至高出后置摄像头 300 万像素，并配有独立的 Moonlight 柔光自拍补光灯，奠定了自拍以及手机端镜头的专业度在中国消费者人群当中的重要性。今天，高端智能手机的像素甚至已经超过部分专业相机，消费者并不需要专业的摄影知识和技巧，就能够实时拍摄出获得顶级镜头哈苏、蔡司、莱卡公司认证的、质量一流的图像。现在的手机相机不仅能对自动生成的场景进行识别并进行针对性矫正，还拥有多种镜头和滤镜功能可供使用者自由选择。AI 能提供各类拍摄辅助功能，甚至可以在手机上实现原本云台零件才有的超级视频防抖功能，这些技术彻底降低了手机用户的实时拍摄技术门槛。

　　智能手机摄像头的像素迭代，确实改变了公众的视觉交往方式，每天分享的微信朋友圈和小红书 Vlog 成为公众线上的日常，成为公众自我表达的重要方式，也将原本私人化的信息彻底公共图像化。过去视讯中粗糙的低像素是为了让渡移动通信的接收效果，在移动通讯的高速发展中，公众已经成为这些动辄几百万像素公共日常图像的福尔摩斯侦探和云游客。但拍摄和自拍都只是起点，自拍图像的后期技术处理才真正改变了公众如何积极地将肉身图像化，云化。今天，我们甚至找不到一台不带前置摄像头的移动通讯设备，因为它的存在不仅是日常中一面化妆后，补涂口红和腮红的镜面，更成为混合映射着技术主体性的器官。

五、流量、数据与通信技术

2018 年，网络流媒体直播的日常中，经受住同时期两款手机游戏《恋与制作人》《旅行青蛙》的流量冲击，出现了一个极短时间内被热点关注的种类——直播在线答题竞赛。当时网络直播答题的平台阵营为：最先在 2017 年底上线的"冲顶大会"、映客直播平台的"芝士超人"、西瓜视频的"百万英雄"和花椒平台的"百万赢家"。紧接着在 2018 年 1 月中下旬进入的有网络百脑汇直播答题、网易的"网易大赢家"、陌陌的"百万选择王"以及百度旗下短视频平台推出的"极速挑战"，等等。每一场答题直播大约 15-30 分钟，平台规则简单，直播问题上至天文下至地理（图4）。各大直播平台每天定时推出几场问答，每场12道题，每题10秒选择时间，闯过12关留下的受众就能均分数额不定的奖金，《人民日报》也曾点赞直播答题模式既普及知识，又传递正能量。

图4 口碑网络平台推出的"点食成金"直播答题截屏

传统媒体时期，流量的获取成本非常昂贵。互联网时代的流量成本则完全取决于网络媒体的内容生产，而流媒体直播答题背后的低成本获客则极其高效，参与门槛低。邀请好友下载APP应用获得更多复活卡的社交传播裂变模式减去了内容生产的重负，现金奖励也成了吸引流量的根本动力。以"百万英雄"的某场答题为例，场次奖金为10万元人民币，吸引40万的活跃用户同时在线，平均获得粉丝的成本不到3元。传统媒体行业不甘示弱，电视综艺节目"一站到底"也联合网络直播"百万赢家"

和美团公司打造了"直播平台+知识问答+知识变现+品牌植入"的广告植入直播模式。

每场网络流媒体直播（30分钟/室内/网速流畅）至少需要300兆流量，而每天参与答题的用户可能超过1亿人（提示：当时中国移动标准费用为0.29元/MB）。作为用户观看直播，可以选择包月的移动流量，而对于户外主播，一次直播的时长可能好几个小时，就算包月的流量也不一定能满足高清和流畅的画质。这时，轻便的随行wifi上线，配上无限流量卡，针对特定平台的直播优惠，单月费用不超过50元人民币。资本确保每个人都能负担得起直播的网速和流量，怀揣着"不围观一下直播都对不起我包月流量"的负罪感。

回望中国移动互联网技术2010年到2017年的飞速发展期，2018年到2020年用户的疯狂滋长阶段，短短的十年内，新的革命性的通信技术范式被不断地创造和搭建。伴随移动智能手机以季度为周期的更新速度，第四代移动通讯技术（4G）在2012年一举跃上舞台，实现视频、图像移动端的高质量传输，互联网用户规模迅速增长，日常生活在这时期是通过智能终端各种专业和细化的社交媒体应用（微博、贴吧、微信、QQ空间等）进行展示，知识和信息传播便捷且相较3G技术迅速得多。2017年第五代移动通信技术（5G）发布，以更低时延和更高速率完全覆盖个人日常，网络流媒体直播搭载着5G的顺风车,将"发送"转变为"实时在线",宏大的主题日渐消解,原本一直处于边缘的或缺席的无名者的细碎日常也能变成"电影",技术为不同个体带来了日常生活的全方面映射。据QuestMobile 2021年中国移动互联网年度大报告截至12月显示全网用户已达11.74亿。短视频使用时长已超越即时通讯,成为占据人们网络时间最长的行业,用户月人均单日使用时长达到6.6小时,月人均单日次数达到115.1次,同时51岁以上的年长用户增长2.8%,用户分布越来越趋向均衡化。(图5、图6)以抖音、快手和淘宝三大主流电商直播为首,用户在观看直播中购物的行为逐渐养成。

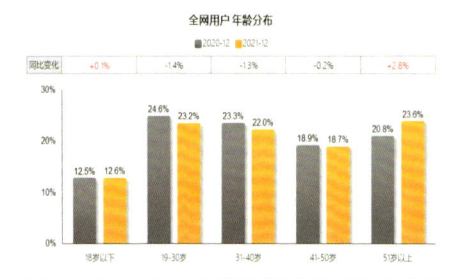

图5 QuestMobile Truth 全网用户年龄分布,2021年12月

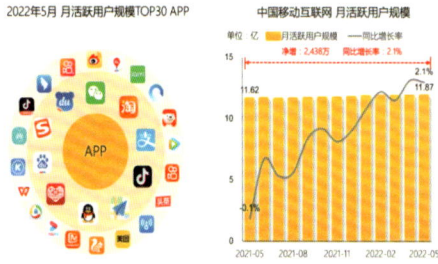

图6 QuestMobile Truth 中国移动互联网数据库,2022年5月

2021年9月单月的直播销售额就突破120亿元人民币，更不用说几乎人人参与的"双十一"等特定消费月份。

成熟的移动技术推动着日常的资本化。移动通信公司通过各种无线流量套餐圈养着主播平台和用户，流量产生数据，而数据正是自社交媒体到流媒体时代最重要的生产资料。生产方式以数据为驱动的网络平台将每个人的信息分析和变现，通过分析纷繁复杂的巨量主体感性信息，挖掘主体或者群体间不同感性对象活动之间的相关性，并以此干预或引导主体的行为。吊诡的是，数据的逻辑还是未离开马克思在19世纪的判断："人们自己创造自己的历史，但是他们并不是随心所欲地创造，并不是在他们自己选定的条件下创造，而是在直接碰到的、既定的、从过去承继下来的条件下创造。"[10]

资本利益越来越熟练地把自己的逻辑和结构复制到互联网的免费基础空间中。在开放协议上，圈起收费的围墙、货币化的服务。2017年，大大小小的平台都占有数据，控制着经济领域为私人投资者牟利。想想互联网先驱约翰·佩里-巴诺（John Perry Barlow）那篇著名的《网络空间的独立宣言》：

> 我们正创造的新世界，欢迎任何人进入，没有因种族、经济权力、军事力量或出身条件造成的特权或歧视。在此世界，任何人在任何

10. 马克思、恩格斯：《马克思恩格斯选集》第1卷，北京：人民出版社，1995年，第585页。

地方都能坦然地表达自己的信仰，即使单一，也不会被噤声或统合。你们对财产的法律观念、你们的表达方式、身份、运动和背景只是你们的……我们相信，发自伦理、无偏见的个人利益以及公益，我们将会自治。[11]

佩里的宣言世界从未实现。去中心化的技术在缺少去中心化的所有权时，变得更加中心化。用户通过媒介消费所获取的，哪怕是免费的"内容"，也有可能是由广告或者是某种"免费增值"商业模式中的"内容"支持着。流量经济范式的兴起，企业的利润关键来源不再只是制造，而是将信息和知识转化成商品，这就是公众（用户）所挑战的真实世界。移动通讯技术加持的社交媒体充满着潜力，但没有民主结构，它便很大程度上加持了外部世界中的投机和不平等经济。

随着移动终端以及各种新型传感器的普及与应用，人们的日常行为数据呈现爆发式增长。社交帝国并非将所有的资料都公开呈现，而是展示他们认为用户应该参考的部分，比如 Pornhub 公司雇用了数以百计的专业工程师和软件专家来实现这一点。社会科学家泽伊内普·图菲克希（Zeynep Tufekci）曾披露如何使用互联网技术让公众剥离各层分歧，并精心设计用户的政治倾向，与此同时，资本通过研究人们的互动数据使用户顺从地成为数字劳工：

11. John Perry Barlow, *A Declaration of the Independence Cyberspace*, https://nakamotoinstitute.org/cyberspace-independence/, 1996.

大型的信息技术交流公司控制着互联网的物质基础和虚拟现实的生产手段，硬件决定一切。互联网通过这种方式提供一种有趣的组合：资本主义的硬件和共产主义的软件。千百万的内容生产者将他们生产的内容放在互联网上发表，却得不到任何报偿。内容生产常常不是知识所生产，而是来自键盘操作的手工劳作。利润则归控制虚拟生产的物质手段的资本企业所有。因此它不是非物质性的，相反，它恰恰是彻底物质性的。[12]

吉尔伯特·西蒙东（Gilbert Simondon）在《论技术物的存在方式》里面提到的根本问题是人跟技术物[13]的关系。他声明在马克思分析的经济关系底下还有更基本的关系。西蒙东以工厂自动化为例，重新分析人和技术物间的关系所引发的问题，以及公众以什么样的方法来解决等等。西蒙东的技术思想之所以重要，是因为他提醒我们将所处的媒体世界以技术物和个体化的框架来思考。网络流媒体直播不是技术，而是技术的组合应用；实时流媒体、移动通信都是技术，而不该是技术的应用。解放技术就必须将技术从资本主义的应用里面解放，前提则是警惕技术与技术应用的区别。正是技术的应用使公众进入"集体的无意识"状态，Link（链接）被like（点赞）接管，云自动更新下载，资本马不停蹄于更新3D打印、区块链技术、自驾汽车、谷歌眼镜、苹果手表等，

---

12. 吉尔伯特·西蒙栋（Gilbert Simondon）著：《论技术物件的存在方式导论》，许煜译，Aubier，2012，https://www.caa-ins.org/archives/1384，2017年。

13. 技术物（technical object）又被翻译成技术对象。在西蒙东看来，技术物与自然物相对，技术物是以技术机器、机制所存在的模式。他主张将技术物与自然、人文相关联，将其具体化才能逃离技术时代的危机。

我们记住了"用户"的身份以及大数据的便利，却忘了流媒体技术本身的更多民主可能性，忘了我们还是"公众"。

六、关系性漫视

所谓"漫视"（Roaming-gaze），即公众在社交媒体时代日渐发展起来，在流媒体时代日常所呈现的视觉状态，与传统媒体中电影院及电视"仪式化"的凝视相较，呈现"漫不经心、游览观看"的状态。凝视（gaze）作为20世纪西方文化研究的重要概念，"包含了主体性、文化、意识形态、性、种族以及阐述等诸多问题。"[14]让－保罗·萨特（Jean-Paul Sartre）将观看的主客体区分，揭示注视在建构人的主体性上具有重要的作用，雅克·拉康（Jacques Lacan）运用精神分析理论，早期以镜像理论为基础，开启了主体欲望投射之说，受众是"看"的主体，被看则是可欲的对象。看与被看的行为建构主体与客体，自我与他者。后期他重组了概念理解，将凝视视作观看行为的客体，引入了"客体小a（Object a）"的概念，也就是连接主体与客体之间的欲望驱力。米歇尔·福柯（Michel Foucault）围绕权力的观看即"凝视与权力"的问题，提出作为社会监控与自我规训方式的"全景敞视"（Panopticon）这个重要概念。劳拉·穆尔维（Laura Mulvey）则在1975

14.克里斯蒂安·麦茨（Christian Metz）、吉尔·德勒兹（Gilles Deleuze）等：《凝视的快感：电影文本的精神分析》，吴琼编，北京：中国人民大学出版社，2005年，第62页。

年发表了非常具有影响力的文章《视觉快感与叙事电影》[15],标志性地阐述了弗洛伊德精神分析为基础的凝视电影理论,并解析了好莱坞电影中性别权力的构造:女性作为男性凝视的对象,这强化了性别差异在构建主体性时的作用。斯拉沃热·齐泽克(Slavoj Žižek)则是进一步探讨了阿尔弗雷德·希区考克(Alfred Hitchcock)电影中的凝视问题,并重新组装欲望。他们的凝视理论的研究轨道虽各有不同但从未脱离主体状态的场域,理论界关于当代主体性的分析也从未暂停。不可忽略的是,我们所观看的一切总是充满着主体性的欲望,特别是在(摄影—电影—互联网)技术的加持下,观看一直试图确立那明确的主客体二分关系,同时又总是超越这种二分关系的限制。

凝视不同于扫视(glance)或者浏览(scan),更多是指具有权力意识形态的一种观看方式。通常指大批的人群观看少数对象的时刻,发生在指向公共空间的剧场、竞技场、仪式等,这一过程带有明显的目的和意图。"这正是资本主义权力的运转方向:规训朝向生产的一面进行使社会力量得到加强。增加生产,发展经济,传播教育,提高公共道德水准。"[16]大众媒体时代和互联网初期,权力的规训通过电视、电影和电脑屏幕这些需停留在特殊场域的中介物进行。伴随智能手机的快速更新,社交媒体的普及以及流媒体技术的发展,规训则是使看似

15. Hein C. Laura Mulvey, *Visual pleasure and narrative cinema*. Norderstedt, Germany: Grin Verlag, 2006.

16. 汪民安、赵一凡主编:《西方文论关键词》,北京:外语教学与研究出版社,2006年,第448页。

自由和多样的声音迫切地被记录，并迅速地过时。凝视这个概念也在经历居伊·德波所指的景观社会后慢慢消解，衍生出新的观看方式——漫视。公众携带不同品牌的移动设备，作为中介物的传统媒体固然存在，但移动客户端中的各项应用无疑获得了压倒性的优势——微信、淘宝、王者荣耀，线上外卖和云会议。伴随移动互联网技术的快速发展，移动端口用户规模大增，移动终端将受制的时间和空间对受众开放，用户可以在交通工具，或者任何公共、私人场所的碎片化实践中观看，散漫的注意力产生了随时消失的兴趣点。电影的观看是单向度的凝视过程，不论是电影大屏幕，还是较小的电视机屏幕，观众都以投入的心态观看，通过固定空间里沉浸式的视觉体验将观众带入影像中的关系。而移动终端的便携性使得受众的空间和时间观看不再受限制，可以根据个人的观看习惯调节屏幕大小和播放的时间，这期间受众不仅可以暂停和互动，也可以选择同时往返于其他移动媒体应用，传统媒体时代强调的时间性也就此消失（图7）。通过美国社会心理学家雪莉·特克尔（Sherry Turkle）提出的"群体性孤独"的分析，我们可以清晰地理解电视、电影产生的是召唤性的客体（evocative objects），社交媒体时代的开始则是将被动的客体当成另外一个与我们对话的主体。通过对现实的模拟（simulation），创造以关系为取向的社交平台，自身性在虚拟空间塑造出多重自我（multiple selves）。诚然，技术扩展了视觉的领域，甚至在流媒体时代，视觉以压倒性的胜利抢占了其他的知觉领域，社会影像增殖的漫视堆积起了我们的日常生活，这种漫视关系又衍生出了我们的主体性社会关系。

类型	中介物	特点	限制	形态
凝视	电影、电视、报纸等传统媒体	时长受中介物决定连续性、受众粘性强、权力意识形态明显	观看空间和播出时间受一定限制。媒体内容存在导向性	自上向下、中心化单向存在
漫视	互联网及移动客户端各类应用	时间性、空间性不受限制，可主动搜索、互动性、碎片化、受众粘性弱、权力意识形态隐藏	网络覆盖、屏幕及像素尺寸	自上向下，自下向上、去中心化、多向存在

图 7 凝视与漫视的类型对比图

电视或者电影通过线性叙事的故事情节，烘托气氛的声音、不同构图的切换和节奏的剪辑手法等持续捕捉受众的注意力。不论电视或者电影都有一套固定的叙述逻辑，涵盖开头、高潮和结尾，主体向客体单向传递。在屏幕中表演者存在，受众不存在，在现实中受众存在，而表演者不存在。但社交媒体则是将完整的叙事碎片化处理，发生地由固定空间变成任何私人或者公共空间，叙事的播放或暂停由受众决定。伴随着其他应用后台实时的更新提醒，注意力的分散更为强化，凝视变成散漫的多类型观看——漫视。叙事前因后果的联系不再重要，能短时间吸引受众的视觉效果才异常重要。屏幕的滑动和手指间的敲击操作营造主客体互动，多重的主客体关系双向存在。

流媒体应用的诞生促使这种散漫的、不纯粹的观看又加入了表演与参与的因素:1.弹幕和打赏，2.主播的门槛降低。不管是传统媒体中明星或者主持人的类型，抑或是网络直播间里主播的形象（某种激发了主体回忆、情绪、共性的欲望）都成为拉康所说的"客体小a"，明星、主播的形象成为主体所期望的（想象界的）客体。在泛娱乐直播间里，受众和主播之间的互动参与又使主客体关系更加复杂化。主播在互动的屏幕中将自己完全地（或者将主体自身的想象）呈现给我（受众）。一个单对单的现场，他/她的互动声音在我的"密闭"的私人空间中，我（受众）接纳了他/她（主播），它的一切都让我充满了对某一特定形象（欲望客体）的想象。伴随弹幕中其他受众的参与，一个单对多的现场，主体（主播）的形象得到更加充分的展示，我（受众）也随之建构起自己的欲望主体，即使明明知道这不过只是个形象（中介）。欲望不断地把我拖入主体的再塑造，时间和身体都被引入了这个主体性关系形成的过程中。

传统媒体中的叙事注重连续性。虽然一系列的故事、事件都需按照时间顺序展开，但受众接受的文本信息相同，理解却可能存在稍许偏差。移动终端的运用中，受众经常使用的是手机、平板电脑 ipad 或者手提电脑这类强便携性的工具。以手机屏幕为例,大小在15厘米左右,由于屏幕尺寸较小,因此构图和颜色,细节的信息都会损失。声音也会受到现实周遭环境的干扰。流媒体直播中画面构图常常是近景,简单的构图可以让漫视的受众迅速掌握画面重点,虽然受众经常看到的是单一的近景,但是由于网络直播的实时互动特性,因此单一的镜头景别类型依然可以使受众饶有兴趣。

中国台湾学者陈传兴在《荧幕》[17]中谈道:"社交媒体,甚至被称为后媒体,这样的荧幕与影像机制要求不再是电影、电视荧幕空间的单一画面、虚拟透视空间的线性单点观看所承担,影像性质混杂使观看认知没办法持续在单一场域操作,甚至破坏、中断观看认知。"他继续就荧幕的发展过程中键盘随之消失的情况发表了看法:使用者只有荧幕,这种情况产生新的、混沌的、不确定的观看。放大的、像素化的和流畅的、高清的技术化视像混沌在流媒体肉眼感知的日常中,以地铁广播和行人脚步声作为背景;在智能设备提升与移动无限流量的加持下,流媒体时代的移动互联网端口突破了传播延时、信号和设备数量限制,日常现实坠入6寸屏幕的黑洞,以一种"无法逃逸"取代"飘散",屏幕外关于日常的所有知觉经验被覆盖,只剩下关于"视觉"的影像。不同阶层所发生的日常在直播间内并不能完全套用大叙事教科书的分析方法,直播间不只有精英和明星、中

17. 陈传兴:《银盐热》,桂林:广西师范大学出版社,2015年,第7—28页。

产和努力出头的草根网红，也有只想找人聊聊天的孤寡老人和 24 小时在线的动物园监控。今天的日常不再只是公众触碰到的柴米油盐和有质地（texture）的肉身体验，智能设备与移动技术的进步帮助流媒体直播随时随地捕捉着公众的每一日常轨迹，新的网络技术和人机界面关系使过去"被编写"的凝视关系（gaze）更加复杂化，在观看与被观看之间，一种更轻微又粘连的纽带正在形成，这种纽带体现的是原本自然化的日常被充分媒介化后生产出的一种情感性的"不得不"的关系。流媒体直播并没有导演和场记，舍掉剧本、精致的镜头语言和后期剪辑，没有摄像头切换制造紧张而悬疑的氛围，只有不预设、一镜到底的日常以及幽灵主体们的参与互动。

奇观和日常已很难区分，甚至发现屏幕中的日常生活比电影更奇幻，主播们口中的无聊应答甚至比电影动作片特效的场景更加鲜活诱人，主播手中的菜肴，背后的室内细节都只因为在屏幕前后的翻转变成栩栩如生、自带特效的美妙叙事幻象。受众并不希望被肉身化，反而是主动成为被主播感激的数据——流量。过去追求隐私，自称不是娱乐明星的专业演员们积极下线，参加各种电视、网络娱乐性节目，并在节目中公开自己的私人空间。有趣的是，中国直播平台相较于多以游戏和秀场为主打直播内容的国外网络流媒体直播平台，展示着公众对日常更多定义的和鲜活的想象力。

第二节 日常——被谋划的平等

图8 斗鱼直播平台上同一时间内各类不同的日常直播内容

2017年当时正火红的流媒体直播平台有"Periscope""Twitch""斗鱼""熊猫""映客""快手"等，各网络平台都具备成熟的用户交互操作界面、醒目的标题和博人眼球的宣传。从游戏到生活的各类直播频道24小时向用户传送一个看似熟悉又陌生的世界。（图8）这里有新闻直播采访、名人在线AMA（ask me anything）活动、政治名人宣布自己的就职过程、巴菲克的股东大会、明星推销口红等"大事件"；这里也有网红直播性感舞蹈、"屌丝"[18]实战竞技dota2[19]、东北大妈炕上与你聊人生、滴滴司机载客实况、熊猫基地的日常监控、少年旅行跟拍等"小日常"。（图9）网络流媒体直播平台以"人人都能做主播"为口号，激荡起百姓内心希望被情感关注和社会认同的暗涌，日常在各种各样梦想幻化的展示中不自觉的极端媒介化。

18. 屌丝为中国网络文化兴盛后网民开发的讽刺用语，开始通常用作称呼"矮矬穷"（与"高富帅"或"白富美"相对）的人，常用于网络中对社会身份的自嘲。

19. Dota2为DOTA游戏的地图核心制作者IceFrog（冰蛙）联手美国Valve公司研发的一款网络电竞游戏，作为全球最具有影响力的电子竞技游戏，曾斩获"2019年度中国十大最受欢迎电子竞技游戏"大奖。

类型	特征	典型主播	案例备注
闲聊	与受众聊天、调侃	咔咔小肉串	喝酒烤串谈人生
监控	公共空间或私人空间监控摄像头实拍	成都大熊猫繁育研究基地	5个场地，10台监控，24小时直播
生活秀	展示特定的私人生活行为	区间二到正无穷	晚上学习和阅读直播
打野	户外求生、探险	斗鱼阿科	深夜探灵
电竞	各类在线网络游戏	月夜枫	Doto2游戏直播
才艺	多为女性，唱歌跳舞类	冯莫提（后成为网红）	唱歌

图9 日常主播直播的典型类型和模式

发生在流媒体直播中的各种社会占领运动、美国总统特朗普上台、英国退欧、法国总统的公开信、乌兰克炮弹定制业务，以及电商主播薇娅、李佳琦的相继消失等，各大事件轮番上演，一夜间的成名和败落，一夜间的封杀和崛起。这个世界的惊叹事件在实时流媒体应用的助力下变成"葛优躺"的日常。

一、日常超市入口

让·鲍德里亚（Jean Baudrillard）提出的消费社会中的狂欢日常在今天依然无处不在，展销会、综合体商场、主题乐园、电影院、各类网红打卡地，它们使屏幕、商品、声音、装饰物、舒适体验型场景形成"景观"刺激着人们的欲望。流媒体直播屏幕后方的图像中出现的是公众再熟悉不过的超市、街道、汽车、广场、商店、卧室这些公共或私人空间，不同职业的男女老少在各种专业或简易的麦克风下生产大量有意义或无意义的数据和流量。只有时不时跳出来的"佛跳墙"赠送提示（直播平台上观众送给主播的礼物，1000元人民币一个）和66666等各式弹幕（"溜"的谐音，观众为赞成或者鼓励主播，以及刷屏时在主播房间上打字形成的弹幕行列，表达"玩得好，玩得溜"的意思）告诉用户，受众不只是屏幕前面的观看者，还是这场日常直播盛宴的参与者。所有的日常在直播的展示中迅速量化，并集结成数据流。日常被屏幕占领的年代，资本映射在日常现实的每个细节。

当资本嗅到流媒体技术转化利益性的同时，它就已经迅速地踏入其疆域并找到壮大其资本累积的新航向。早在2016年4月，已知的国内直播平台就有116家。其中2016年4月前成立13家、2015年出现27家、2014年出现29家，2012—2103年出现11家，2012年之前出现25家。经济行业数据挖掘和分析机构iMedia Research发布的《2018—2019中国在线直播行业研究报告》就曾预言，2019年在线直播用户规模有望达到5.01亿人。中国的流媒体直播行业准确地说是从2015年泛娱乐直播起步，移动端直播产生。2016年，直播平台规模迅速井喷，投资过热，大量撒币的流量竞争层出不穷。2017年，平台由主播资源转换到PGC（专业生产内容）和PUGC（专业用户生产内容），多元的竞争格局成型。

2018年产业发展进入成熟期，头部资本运作频繁。各大企业都逐渐发现了网络直播中所蕴含的巨大商机，传统社交媒体和电商如国外的Facebook、Twitter、谷歌、亚马逊和国内的淘宝、网易等等，都相继搭上"直播＋"的营销顺风车。"江疏影（明星）和我用同一款BB霜""赶紧跟着来叔学做排骨冬瓜汤"，从另一个角度助推了网络直播的日常化，直播变成各种电商平台不可或缺的嵌入模块。

网络流媒体直播的主播群体成分复杂多样，美女网红、职业游戏玩家仍是最早撑起直播界基底的那一部分，他们的收入来源于观众的打赏和平台工资，以及宣传代言的广告费。各类网红学校、经纪公司等产业链也日渐兴起。然而日常也不再是那些高颜值和职业主播的专利，用户注册及足够支持本人在线的移动设备端，就可以让用户轻易切换为主播的身份。任何阶级、物种只需要在页面输入最神话的标签组合就能将日常点石成金，主播和受众迷失在网络流媒体直播提供的奖惩竞争互动和娱乐量化的数值及管理模式中。网络直播的世界没有白天黑夜，只有屏幕的前和后，然而当主播们发现线下的个人生活也可以成为线上的点击率后，前与后的差距也打破，网络直播也已"下线"变成活生生的日常现实。直播提供共时的公共空间，对比图片分享应用Instagram、主打小视频分享的美拍、实时社交的微信朋友圈、便捷传播的微博,公众真正进入了时间和空间落入屏幕的每天。观众不再满足于再现的机制,而是摒弃肉体,只留下让肉体也躁欲的情境。混合现实(Mixed reality)刷新取代虚拟现实(Virtual reality),情境(Situation)取代内容(Content)。各种欲望肉体的化身在此交集狂欢,在这个公私杂糅的空间中,任何人或偶然的日常都有可能被"围观"的力量刷成世界的中心,谁知道下一个是不是我呢?

不论用户有没有颜值,有没有天赋异禀的特长,只要注册,流媒体直播平台赋予所有用户新自由主义的"平等"展示机会。平台将自身塑造成为上帝创世纪的角色,开放"平等"之门迎接所有希望成为主播的受众。直播的展示界面中弱化了识别底层、中产或者富二代的等级划分,放大着网游竞技、美食、户外、星娱、户外直播内容的划分,人鬼蛇神都可以在此展示自己的日常生活。哪怕是展示寡味的日常琐碎,比如吃饭、劳作、睡觉等或许也能够获得一大批围观的受众。2016年小米公司策划的接近两周时长,名为"小米Max超耐久无聊待机"的网络流媒体直播活动,虽仅仅只直播小米MAX型号手机的电池续航能力,在截止关闭直播前的第11天,它就已经吸引了超过2000万用户的关注。

这确实可以重燃对资本帝国统治内部的一种民主再想象,但同时平台系统内部的规则条例等级,使得资本社会"背后的手"也被精心设计的网站界面和卡通符号"delete"(删除)了。

> 漫游穿行于商品与艺术珍宝的陈列柜架之间,是需要秩序的。……对那些缺少自我约束,或者濒于失去自控的人来说,按照全景敞视主义原则(panopticism)设计(福柯,1977)的外在控制就会起作用。这就是说需要有控制和排除骚乱的管理。这是主题乐园和购物中心的核心原则。这些场所是私人拥有的公共空间,公众都处在摄像机的监控之下,吵嚷、引起麻烦、纠纷的因素,在还未干扰他人之前就将被排除掉。[20]

全景敞视的控制管理在实时流媒体技术的辅助下,社交媒体进入了一个自我控制和管理的时期。各网络流媒体直播平台配套直播内容人工审核机制,终端也都加入了接受用户举报和巡查的功能。同时一些知名的直播平台跟讯飞等公司研发音频识别功能,自动监控系统采用视频识别技术。公众迷醉在数字资本主义迭代的全新控制术景观里,不可自拔,恨不得天天变成揭发陈一发[21]、Mlxg(游戏主播)的"朝阳群众"。资本网络—技术平台结构里被收编的日常,公众替换成

---

20. 麦克·费瑟斯通(Mike Featherstone):《消费文化与后现代主义》,刘精明译,北京:译林出版社,2000年,第119页。
21. 陈一发为2016—2017年络直播间红极一时的电竞才艺女主播。2018年,接网友举报,该主播曾在2016年直播过程中,,引发诸多网友严重不满,网络直播平台随即永久封禁该主播直播间。

"演员",日常生活替换成亢奋的资本数据流。

平台提供了造物造事的一条龙方案套餐,在"网红直播流水线"的路径指引下,一步步塑形方案和想象。直播平台搭建可供停留的议事广场和内置社群,在流量接入的优势下形成高效消费策略和用户粉丝粘性采集,平台通过房间封禁完美地屏蔽法律担忧和法律雇员的人工成本。由"美女""游戏竞技""户外生存24小时"等标签构建起的关注准则,日常"不稳固的故事脚本"在不停地迭代翻新和改良中形成日趋完美的视觉体验。每一个草根主播成功的案例透过社交媒体的外链营销持续刺激着媒体、资本和围观的人群——这些信息的碎片流淌在网络的各个"货架",成为继续孵化新明星梦的温床。对于受众能够仅仅以"打赏"和弹幕的形式就能被主播看到、互动,直播平台为他们提供了一个被看到的boss(老板)角色,受众得以再次成为"人"(肉身)而不是网络时代"幽灵数字"的假象。这个共同体所面对的日常以精品超市点阵布局的货架结构存在,并且其中的所有成员似乎都存在"平等"(fair)选择的话语权。他们可以自由浏览,货架布局增加了客户逗留和购物的机会,清晰矩阵的分布提供了灵活选择和刺激购物的欲望。今日网络流媒体直播具体地实现了列斐伏尔"接近城市的权利",无论你在贵州的农村、西北的沙漠,还是北、上、广、深等一线大城市，人民平等地享受实时分享、消费（fair right to share and buy）、成名的权利货架，平等（Fair）但非"公平"（justice）。

二、一飞冲天的"中国式"直播

图 10 美国某服装零售商的电脑版购物页面

图 11 中国某典型服装零售商的电脑版网站首页

西方零售商多年来一直在投资并完善大屏幕电脑购物体验，如美国某知名服装零售商为了提升用户使用体验，增强了很多如商品选择、商品尺寸合意度、自由搭配推荐、清洗提示及视觉性体验功能。（图10）早在2016年，亚马逊就推出 Style Code Live 直播秀，2019年推出 Amazon Live 直播购物服务，但西方消费者的直播购物意识并不强，特别是使用移动端购物的购物体验习惯并未形成，还是习惯以电脑界面及实体店消费的形式。与之相比，随意翻看中国服装零售商的网页，绝大部分都能直接显示移动端微信小程序链接，完全略过了电脑这一终端。（图11）淘宝各类服装零售商的移动端官方旗舰店则可以在对应浏览该商品页面时，提供直播弹窗，直观看到销售主播穿上身的效果。中国的网民也已经习惯使用移动端购物、刷短视频、看新闻、小说的日常休闲。从一开始电商以"全网最低价"的形式形成吸引消费者的重要模式，再到主播独享价加上大量赠品的固定模式，主播以促销员的角色定位。而在电商的营销策略疲软后，更多是在内容和形式上的创新，也就有了之后罗永浩等知识型主播的直播走红。

图12 东方甄选董宇辉在抖音平台带货直播

《2021抖音泛知识内容数据报告》显示，一年抖音上的泛知识内容增长迅猛，播放量年同比增长达74%，成最受用户欢迎的内容之一。泛知识内容播放量已占平台总播放量的20%。另一个知识类内容增长迅速的平台Bilibili的报告中则显示，2021年泛知识内容在B站总播放量占比达到了45%，有1.9亿用户在B站观看泛知识类视频，相当于中国在校大学生数量的5倍。2022年6月，新东方英语旗下的直播间"东方甄选"风靡全国，新东方前任英语老师董宇辉，成了炙手可热的"带货一哥"。（图12）在新东方转型直播之初，场均销售额只有几十万人民币，但是随着董宇辉的爆火，东方甄选场均销售额已经翻了数十倍，累积观看人数一度位列抖音直播带货榜第三名。"东方甄选"的出现，为市场提供了以互动为导向的"知识型"主播型的参考。双语带货，段子式知识点，在销售大米时讲解农作物与人类起源，卖冻干榴梿时科普物理原理。主播信手拈来的有趣知识点，激起消费者浓厚的人文兴趣，不少父母也会带着小学生同时收看其直播。新东方企图打造的商业转型以扶农为特色，直播变身日常的教学现场，每日准点跟随的知识学堂在暗涌的时间和流量下心安理得。受众表达出对东方甄选精英型品牌的强烈情感认同。

2022年，当上海全民因新冠疫情蔓延居

图 13 刘畊宏夫妇在抖音平台健身直播

家隔离期间,凭借自创的《本草纲目》歌曲版毽子操等,中国台湾艺人刘畊宏摇身变成了抖音头部主播。(图13)刘畊宏微博上热搜,其他明星与之互动,其抖音粉丝在短短的7天内增长了2921万,总粉丝数当年已突破7200万,获赞1.2亿。回顾2018年他就已成为淘宝的带货主播,但成交总额并不理想,所在经纪公司将之从电商直播转型至知识直播赛道。刘畊宏能够从众多主播中跳出,不仅仅是因为受当时上海疫情的影响,他改编公众耳熟能详的明星歌曲作为背景音乐,健身动作对没有健身基础的人不难,容易记忆。身体的互动营造了深度的参与感,为在上海日常隔离的受众制造了陪伴度。同时他的直播间充满着丰富的夫妻对话和拌嘴,跟随刘畊宏夫人产生的诸如跟不上节奏、想偷懒等情绪都能产生共鸣。以上只是发生在2022年中国网络直播中两个"突然爆红"的例子，当然很快他们的直播讨论也慢慢降温，接下去谁也不知道将会迎来哪一位新的头部主播，又会产生怎样的新内容导向。

中国现在的网民数已经超过其他任何一个国家，早在2014年的《中美移动互联网报告》就已经显现出中国和西方在使用移动手机习惯上的不同。根据该报告显示，无线网络在中美两国都占据优势地位，且网络满意度都较高。90%的中国用户曾经在移动设备上观看过全集电视节目，且观看频率较高。但美国用户在移动设备上观看的频率较低，且1/2的美国用户不会在智能手机上观看全集节目。虽然中美用户在移动设备上观看视频短片的频率都明显高于全集电视节目，但两国移动互联网用户在智能终端对生活和工作的影响上看法差别较大。中国用户对智能终端的态度更为积极，对社交、购物需求也强于美国用户。中美移动设备用户在与日常生活相关的广告内容的回应方面差别也较大，中国移动设备用户对此往往表现出更大兴趣。注册邮件订阅会对美国用户更有作用，中国移动设备用户在点击广告后，大约56%的中国用户会对广告中涉及的产品和服务产生兴趣，更乐于接受通过社交媒体、网络分享的广告，购买行动会更多，也愿意追随到访本地对应的商业机构。中美用户都喜欢在等候期间、下班后、放松时、睡觉前使用移动社交媒体，但是在时间上稍有偏差，72%的中国移动互联网用户会在公共交通工具上使用智能手机，而美国用户这一比例较小。美国用户在早上刚起床时、晚上回家休闲时更多地使用移动社交媒体，而中国用户会更多体现在通勤期间、上班休息间隙时间使用。

尽管移动互联网的发展十分迅速，西方人还是依然保持使用邮件工作，使用现金、银行卡、支票、paypal多种类的支付方式，警觉地将工作和生活区分。中国的公众则是接受了以微信、QQ或者钉钉移动端接收工作信息，以微信和支付宝线上支付的数字日常。工作与生活的边界互相渗透，这也决定了我们无法放弃使用移动端来休闲和娱乐。网络直播仅仅只需要移动手机就可以记录和分享看似真诚的日常，成为我们窥视别人、镜像

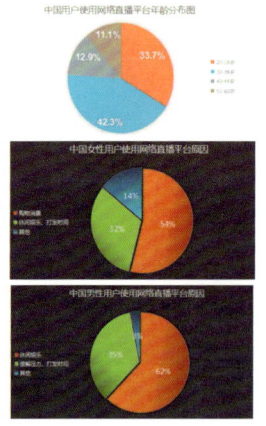

图14 笔者在2022年所做的网络直播平台使用用户抽样调查群体结果

自己、想象他者的最好假肢。

西方的网络直播平台如 Twitch、Periscop、YouTube 等都没有中国的网络直播平台呈现如此之纷繁的泛娱乐直播内容和种类。为了对我国网络直播的受众群体有更深入的研究，笔者在 2022 年以访谈和问卷调查的形式做了抽样调查。（图 14）采访对象年龄跨度集中在 20—60 岁，抽样群体包括大学生、研究生、白领、事业单位工作人员、专业主播、自由职业者和已退休人群。共发放问卷 200 份，最终获得回复问卷 156 份。调查结果表明：男性用户以休闲娱乐为目的占比 62%，缓解压力、打发时间占比 35%；女性用户中出于消费心理的占比 54%，休闲娱乐占比 32%。用户使用频率中，30—39 岁用户使用直播人数最多，占比 42.3%，20—29 岁用户占比 33.7%，40—49 岁占比 12.9%，50—60 岁用户占比 11.1%。本人的问卷调查和 2022 年《第 49 次中国互联网络发展状况统计报告》的数据相近，报告同时指出老年网民数量稳步提升，截至 2021 年 12 月，我国 60 岁及以上老年网民规模达 1.19 亿，占网民整体比例达 11.5%，且观看网络视频为老年网民最常用的一类应用。随着移动智能手机在中老年群体中的普及，中老年群体的在线时间不断加长，其中使用网络直播形式进行购物和娱乐的人数也呈上升趋势。中国网民使用移动客户端观看直播的比例占 86.2%，还有部分以学习游戏技巧为目的的男性用户则喜欢用大屏幕电脑观看游戏直播。

中国网络直播受众观看泛娱乐直播的心理状态大致集中在：1.情感认同；2.猎奇窥视心态；3.满足娱乐需求。网络直播所展示的信息内容相对碎片化，方便填充受众碎片化的时间，这也是抖音短视频走红的主要原因。相较于短视频平台，网络直播的优势在于即时传播，信息传递的便捷性、时效性和互动性更强。它的互动性引发感官的情绪动向，短视频里用户只能单一接受消息，获得不及时的评论或者无反馈。而在丰富的泛娱乐网络直播中可以满足用户的实时互动需求，得到主播的即时反馈。对于喜欢的主播，受众和其他主播可以用打赏、发送弹幕、连麦等多种方式互动，不仅满足了用户虚拟身份希望塑造的情感认同，也兼顾了用户对不同日常的猎奇心态。草根和粉丝在直播平台看似拥有一定的话语权，传统媒体当中明星和精英对媒体的掌控在此被隐藏，用户只要注册便可以免费展示自己的特长和日常，使其迅速地娱乐化。

自 2005 年《超级女声》的短信投票机制催生了中国本土粉丝的应援文化，技术与文化共同作用下塑造了全新的综艺娱乐观念结构与实践方式，技术赋权之下的公众也开辟了新的社会互动场域。2016年国内首档网络直播形式的偶像养成类节目《Hello，女神》就在熊猫TV平台直播，这也是综艺节目和网络直播平台合作的第一次尝试。平行于网络媒体的传统电视媒体也借用各自的网络平台，于2018年产生了《中国好声音》《偶像练习生》《创造101》《中国有嘻哈》等通过微信竞猜平台参与选手选拔，选民成为节目"全民制作人"的中国平民造星娱乐新模式。以角色转换实现主体互动，产生很强的受众黏性。

网络直播中最早火起来的游戏职业选手如PDD、小智、骚男在退役后走上网络主播游戏解说的职业道路，给游戏玩家们带来了高质量的游戏解说。同时用户可以通过直播观察他们的游戏策略，实时和主播互动，看到他们走下神坛，即使是在客厅或卧室中的平常面孔和形象，也成为直播用户最期待的谈资，形成了直播电竞红利期的大流量。以泛娱乐直播平台的主播Mc天佑，传统综艺选秀节目的选手杨超越为例，与普通人相似，有瑕疵但是有特点的草根走红，"不完美"的性格或容貌构成了公众们的自我镜像。选秀选手王菊的"你们手中的票就是重新制定标准的权利"[22]强烈引起精英边缘受众的认同共鸣。

公众人物和大众的私人空间完全向用户敞开，满足了用户们的窥私猎奇心理。游戏

22. 王菊为2018年参加腾讯视频女团青春成长选秀节目《创造101》的其中一位选手，在场发言时凭借"你们（观众）手中的票就是重新制定（女团）标准的权利"等言说及特立独行的性格与并不出众的样貌结合，在节目中爆红，造就了关于"美"的定义的不小社会舆论。

头部主播，美女主播抑或普通主播将真实的生活作为娱乐内容和手段呈现在流媒体平台，让受众收获亲和性的体验，作为人类性本能的窥视欲望得到释放，平等的需求也在直播的屏幕窥视中得到满足。明星或平时见不到的社会角色置换成了私密空间的家庭角色，窘态、出其不意的偶然事件和话语都成为偷窥快感的来源。躲在屏幕后的优越感满足了受众对平等阶层需求的假象。网络直播用户随时化身主播的宽容度直接造成了私人领域的社会化，排遣内在的自我（肉身）孤独，也在直播形象的互动交往中获得愉悦的体验，从他者的镜像中建构自己的欲望主体，完成自我重构。中国泛娱乐直播的丰富性正是因为它充满深陷其中杂碎的日常感。网络直播平台成为一个心灵投射的晒场，那些看似隐藏着的、被过去媒体闪光灯忽视的小生命都可以在这个广场晾晒自己的欲望江湖。

三、一镜到底的"日常"空间模块

丹尼尔·贝尔(Daniel Bell)在《资本主义文化矛盾》[23]中描述的出现在革命第二天,使真正问题得以浮现的日常在今天愈发显得重要。列斐伏尔曾说:"日常生活是最高法院,我们所有的知识、智慧、权利最后都要经过日常生活的审判。"媒体技术的发展不仅仅改变了我们对于 24 小时 /7 天和日常空间的定义,移动智能设备 4G/5G 时代也溶解了传统电脑主机的固定展示模式,迅速让位给以动态流为特征的混合现实。我们可以在任何空间、时间将日常像素化展示,星巴克咖啡店内捧着热腾腾摩卡琢磨着拍摄角度的直播少女的"前台"依然还在屏幕中,实时流媒体技术却使得飘散的咖啡香气以及背后经过交谈的吃瓜群众的动作也坠入她直播的屏幕黑洞,像素化感染的日常被拖拽入屏幕,哪怕是屏幕的反射处也不落下。"景观所发出的唯一信息:呈现的东西都是好的,好的东西才呈现出来。"[24]并不能阻止 6000 万像素的摄像头记录下主播的黑眼圈,还有刚拔下腿毛后遗留的红肿毛孔。技术发展带来了视觉统治的胜利,因为即使红肿的毛孔也闪耀着特效,日常现实在这里以 6000 万像素瞬间奇观化。

23. 丹尼尔·贝尔(Daniel Bell):《资本主义文化矛盾》,赵一凡译,北京:生活·读书·新知三联书店,1989年,第 75 页。
24. 居伊·德波(Guy Debord):《景观社会》,王昭风译,南京:南京大学出版社,2007年,第 5 页。

图 15 虎牙直播平台泛娱乐类日常主播直播的空间页面

图 16 各直播平台泛娱乐类别下呈现的不同主播空间

流媒体直播平台通常包括很多有边界的视觉窗口,形成分层、可重叠、并置的空间模块,因此我们可以看到在直播页面当中,除了显示直播画面的大窗口,还有划定的聊天区域。这个空间就是由现实空间、界面的重叠空间和围绕流媒体频道形式的社区空间,以及整个直播平台的空间组成。(图 15)作为直播的环境背景,有些主播喜欢用虚拟背景、绿幕,有些则展示真实的卧室、客厅、户外。部分主播使用特定的物品、灯光和音乐来装饰或者烘托氛围,使他们的房间具有特定的美学或声学特征。(图 16)即使是没有戏剧性的日常空间也可以理解为表演性的展示空间。正如列斐伏尔指出的,空间是一个复杂的预设、实践和代表网络的产物,形成了规范。数字空间和物空间亦是,在直播的空间模块建构中更是明确。主播的直播行为过程、观众的互动和平台构成并产生了表演性的空间。

"直播吃饭、睡觉就能赚钱"的年头使人回想传统媒体时代,我们是如何将家庭空间引入电视和电影的媒体中,使它成为一个展示空间,使得公众对"私密"空间的视觉规范有了定义。20世纪90年代末,色情表演就从脱衣舞俱乐部和片场转移到了家庭,并给客户营造私人生活的亲密性。看看网络直播盛行的早期,平台表演几乎不可能出现明确的色情表演,但是他们通过各种个人空间的展示、物品的摆放、衣服和打扮以及声音的组合邀请受众进入他/她的"家",提供亲密的访问。不论是日常的才艺直播或者是生活闲聊类直播,我们无法通过观察流媒体的屏幕,判断和评估是否确实在他/她的卧室拍摄,但是这些以家具、灯光、软装、墙面、装饰摆件为线索特征的空间构造,给了受众特定的角色代入。我们要理解的正是主播如何通过选择呈现他们的表演空间来表现亲和感和个性。情感的互动和建立与空间的构建密不可分。游戏直播当中,《英雄联盟》和《绝地求生》这样的多人在线战斗竞技游戏,经常占据高收视率的宝座。大多数主播在客厅、卧室等家庭空间直播。背景中包括书桌、沙发和椅子，一些镜头还能拍出厨房、餐厅一角，甚至家人也可能从画面当中晃过。偶尔主播使用绿幕或以虚拟形象代替真人出镜。性别在游戏直播空间当中也有非常明显的区分。大多数女性游戏主播会更愿意将生活环境展示出来，但相对于直播当中主画面是游戏界面，露出空间环境背景的副画面里所剩下的画面其实并不多。这时，主播会用非常具有代表性的毛绒玩具来模糊游戏和现实的亲密空间。仅有的非常窄小的主播画面中看不到更多室内空间，但是粉红色毛绒玩具所营造的亲密的品质依然在。男性主播仅有一部分愿意露出自己家庭空间的背景环境，一部分则并不呈现自己，他们选择用游戏画面填满整个可视空间，可以看作是更使观者投入游戏本身的一种做法，还有部分主播更喜爱使用绿屏，主播身体的抠图直接插入游戏的角落，创造一种混合虚拟的物理空间，主播直接显示在游戏场景当中，变成游戏中的化身。可以界定的是，直播中空间的规范更多来自流媒体的直播内容，而不是主播的身份。

还在坚持线下运营的企业营销手段是建立具有网红场景特征的实体体验店，鼓励消费者与产品布景拍照，带上#企业品牌的标签，在Instagram、小红书应用发布，这些发布内容将在如纽约时代广场之类城市中心的交通枢纽LED大屏幕上滚动展示。此外，线下体验门店配备免费无线上网功能，不同场景足够支撑消费者一整天的闲逛。重要的不是一杯咖啡的质量，或者一件喜爱商品的贩售，"分享者"的形象打造至关重要，晾晒分享成为流媒体时代日常中最主要的构成，没能分享出去的体验并没有发生。数字化科技的熟悉程度促进公众们分享日常的渠道，还有认知世界的方式。零售陈规已不再适用，网购和在实体店购物并无区别。世界以内容分类，日常则通过 App 应用的各类模块去选择，收藏或者删除。

网络直播平台将日常内容划分成网游竞技、二次元、颜值、户外和美食的平行栏目，凭借对标签的喜爱进入各个形象塑造的日常空间。在流媒体直播提供的世界里，公众更乐意成为主播而非受众，他们享受创造瞩目的形象以分享日常，连接社会关系。受众的参与和围观替代电影院里的凝视，缺少声光电的情节，却通过表演性弹幕的形式补偿情感的投射。受众可以全屏观看主播的日常画面，又或者将此情境缩小变成处理其他烦琐事务时的浮屏模块，随时提醒着受众此时此刻还有一个电子宠物在嗷嗷待哺。"社会"被分享的形象与展示所取代，它们又如同胶水一样将所有我们与之相处的真实事物粘牢。

媒介化的日常生产下，空间缩减为情境模块，公众时时"在场"。早在列斐伏尔所处的屏幕时代,电视机播放政界选举、自然灾难、恐怖、丑闻、战争等触目惊心的现实,从一开始内心的好奇到紧张、焦虑再到"原来如此"的不过在他处,视觉景观的不断展开与循环播放,使得这些非日常的事件成为电影特效。通过观看传统媒体"不在场"的真实,产生被动的安全、满足感,因为即使是暴力的、血腥的场面,皆不是伸手可及的日常。日常触及不得的事、人物形象和空间被纳入一定的程式框架,精彩导演和组织剪辑的事件整齐划一地在默认播出日程和归类的叙事结构中。电视遵循节目安排表,时间配合工业社会习惯规定的生活作息,面向老人的晨间新闻,傍晚的《七巧板》节目针对做完课业的儿童,新闻联播刚好配合晚餐,而随后全家一同观看电视剧,则被称为黄金档或黄金时间。主体无法逃离精英主导的电视、广告意识形态的叙述框架。今天,彻底媒介化的日常中,千差万别的日常"沉淀物"和精彩的导演叙事被同时晾晒在网络直播平台不同的分类空间中,主体主动地去创造和建构自己的网络日常形象。在《网络社会的崛起》[25]中,曼纽尔·卡斯特尔(Manuel Castells)称网络社会进入了无时间的时间(timeless time),线性的时间属性被彻底打破,前后顺序被消除。而网络社会的更新,流媒体技术的演化更完整地消化了公众许多长期存在的空间和

25. 曼纽尔·卡斯特(Manuel Castells):《网络社会的崛起》,夏铸九等译,北京:社会科学文献出版社,2006年。

习惯。过去日常生活管理所依赖的实体,压缩在一部智能手机的矩阵里。每天看似平常的动作,开门、购物、上公共汽车都被以数字化交易的形式重新审视,其物质形态慢慢消失,只需要手机当中应用模块里的一个按钮即可完成。组织社会的单位不再是家庭、群体,而是代理(agency)、平台和模块。媒介化的人造物理性地将内容模块、功能模块、会员系统模块等组成暗含着一个紧密相连的商业、实践和经验的生态系统。种种关于日常生活的技术以一种应用体现,让过去必须亲身辨别城市景观的体验、日常的姿态淘汰。看看网络流媒体直播平台的分类页面,白天和晚上、日本和美国、农村和超豪华酒店并列在空间模块当中,受众以上帝的视角,无缝衔接的早晨日出到夕阳下落情境就在一个直播空间切换到另外一个直播空间的手指滑动操作之间。屏幕上时时跳出来的打赏动画召唤着围观的受众还可以再跳往另外的时空隧道。

早在互联网刚开始普及的2000年,卡斯特已经敏锐地观察到媒介技术对日常造成的影响,即"电子别墅里的日常生活"。金钱在apple pay、支付宝的普及后只剩下数字的概念,当今城市的概念也变成信息的网络集合即超级计算机,而不是过去以公路、建筑混凝土的物理方式。网络上戏称的"中国新的四大发明"：[26] 网购、高铁、支付宝和共享单车，因为网络技术的发展改变了公众日常的生活方式以及使用公共空间的方法。移动互联网下沉，曾经不被称之为文化的内容变成知识，不认为是有趣的东西变成有趣本尊，草根文化比精英文化辐射面更广。日常工具转化成商品，连"邮筒"也能转变成形象的奇观。[27]

卡斯特对致使日常生活累积的判断是：工业社会时间决定空间，网络社会空间决定时间，比如当纽约股市开盘，全球城市投资者都必须跟上。累积社会中，重点是累积造成的贫富不均问题，以及如何分配（分享）的问题。文化与艺术以及各种社会运动在某种程度上可以减缓累积造成的差距，这对于列斐伏尔来说就具有非累积功能。然而他没有想到的是，在艺术或文化被资本景观收编，社会运动成为资本景观一道表演标签风景线的当下，也只是痴人说梦。日常被资本裹挟，非积累的共产梦想已经上传至云盘存封。今天日常和空间的形式与内容都与20世纪60年代列斐伏尔面对的工业现代性截然不同。社交媒体时代资本技术所带来的不可分割的抽象统治力量使数字资本主义生产了适合数字资本主义的空间，当下的日常空间更是在网络流媒体直播界面中，由大型企业主导的"空间软件(Spatial Software)"、流量资本筹划的

26. 2017年诞生的网络流行词，由北京外国语大学丝绸之路研究院发起了一次留学生调研，20国青年评选出了他们心目中中国的"新四大发明"：事实上这四项并非由中国发明，只是在中国推广应用较为领先。
27. 佚名：《鹿晗邮筒事件引热议，粉丝排队到凌晨3点为合影！》http://baijiahao.baidu.com/s?id=1583511360318395262&wfr=spider&for=pc, 2016.

"实时流管理"计算和规划出的情境模块组成。在全球范围内度量着未被开发的日常生活题材、可共谋的政策制度、可量化的用户数量、可互动的科技新模式，以及可复制增殖的特定形象，三维重塑日常的肌理（texture）。《日常生活批判》第三卷[28]中有一个比喻："我们都住在体制的高楼中，但常常忘了自己的居民身份。改造自己的房间只是私有意识作祟，我们可以共有、挪用、参与、霸占高楼，让我们生活的高楼，成为我们革命的场所，有着我们自己的节庆，于是我们才能有自己的空间与时间，最终才能完成可栖居之所。"这个比喻在提醒着我们，公众当下成为这些情境日常模块的用户，但常常忘了自己也是这个媒体社会的公众身份。列斐伏尔的日常生活批判理论指导了我们要去揭示日常里蕴藏出乎意料的可能性，琐碎中可以有某种不服从任何"宏观管理"的东西。

四、公众空间的开发商

借助网络直播的实时流媒体技术及4G/5G网络的普及，足不出户的用户可以随时展示或围观所有人的私人和公共空间。屏幕消解了地理意义上的距离概念，私人空间和公共空间混为一体。往往是日常工作、生活、休闲娱乐私人属性的活动作为直播内容展示

28. Lefebvre, Henri. *Critique of Everyday Life. Vol. III.* Translated by Gregory Eiliott, Verso, 2005.

在这个公共的空间中，满足了阿尔弗雷德·希区柯克（Alfred Hitchcock）的电影《后窗》中主角观察对面楼座各色人物每天生活的猎奇窥视欲心理。私人空间公共化极具代表性的事例以慢综艺的流行开始。

从综艺节目《极限挑战》《奔跑吧兄弟》，到《中国好声音》《妈妈咪呀》，似乎长久以来，我们都习惯了这种热热闹闹且充满竞技感的综艺节目，而当今年的《朗读者》《见字如面》及田园牧歌式的《向往的生活》等所谓的慢综艺出现后，大家才真正体会到温情和安静的力量。在这个充斥着喧嚣与浮躁的时代，如此需要沉下心来静品的节目仿佛是综艺界的一股清流，给观众以耳目一新之感，速度成为大家的新宠。[29]

图 17　由湖南卫视 2014 年出品的《花儿与少年》节目中，明星主动"晾晒"自己的私人空间

类似的慢综艺类节目（图 17）都迎合了人们对"共同生活"的美好想象。于是我们看到更多明星的日常通过大众媒体的慢综艺节目、网络流媒体直播平台公之于众，公众

29. 克莱尔：《慢综走红，这是一个能慢下来的时代吗?》,http://www.fx361.com/page/2017/0823/2180523.shtml,2017.

不再仅仅满足于明星们聚光灯下的表现，他们"线下"24小时跨度的私人状态、空间也成为可消遣的"商品"。过去对公共空间的表演和私人空间的日常分隔已经模糊。通过这些综艺的"仪式"反射，我们的日常也变得生动而鲜活。因为谁都有可能在"滴滴"顺风车里与 anglebaby（明星）相遇，或者得以看见林俊杰（明星）睡房的细节。综艺展示带着仙气给明星的私人空间开光。Meerkat 总裁曾说："正如普通人会和专家以完全不同的方式使用 Instagram、Twitter 和 Snapchat 一样，公众将发现 meerkat 不一样的用途。"每个人都可以成为公共空间的开发商，并将自己打造成网络直播间中的闪耀形象。

网络流媒体直播从空间维度上可以归类为米歇尔·福柯（Michel Foucault）提出的"全景敞视监控（panopticism）"类型，即在规训权力控制下的监视社会。时间维度上，网络主播让日常每分每秒成为直播的内容生产，直播变现成为主播支配时间的信条。流媒体技术完成了安东尼·吉登斯（Anthony Giddens）所说时间、空间上的"脱域"(disembeding)，无延时互动使受众产生深度参与的在场感。受众的好奇窥视欲与平台的自动推送功能将在线时间转换成用户内心不可计量的满足感，环环相扣的时间生产体系形成。主播拥有直播空间、内容生产、塑造形象类型的选择权，而这权利又部分受制于受众的选择,网络流媒体直播体系正是一个重塑空间生产和权力制衡的场域。同时,这些主播们由图像、声音以及被投射的身体共同占用的数字和物质空间,模糊了真实的物理空间的界限。

作为一种新的公共性交往方式,流媒体直播为空间的文化生产提供了可能。学者吴畅畅认为媒体营造的"代入感"帮助网民在站队的投票、讨论、选择过程中,完成了凭靠私人自我持存的欲望与社会竞争维系的"企业式公民"的自我启蒙和建设。[30] 学者王昀认为:"直播与市民社会议题紧密相关,作为日常生活公共性而存在。"[31] 从鹿晗的邮筒事件、陈一发被封杀事件,到网红主播们每月冲刺流量时,粉丝团体集结相约为之用打赏或者刷屏的方式助力,这些偶尔或经常发生的事件中可以看到直播间的观众个体是如何在直播间掀起舆论风暴并将之演变成集体事件的,流媒体直播间不同主播们精心营造或真实的形象成为群体的情感纽带。这些事件和团体的形成使我们对以网络流媒体直播为政治实践产生了些许积极的向往。

在互联网的普及化中,直播平台通过流媒体技术延伸了公众的感知能力,拓展了空间的尺度,打造了一个全新的公共交流空间。参与者更多元,而不是特定的阶层或者特定的团体。当下极度媒介化的公共空间远比尤

30. 吴畅畅:《浅议当前普通群众参与的(电视)真人秀节目的生存现状与发展趋势》,《新闻大学》2016(4),第51—59页。
31. 王昀:《礼物、娱乐及群体交往:网络视频文化的公共性考察》,《新闻与传播研究》2017(9),第61—127页。

尔根·哈贝马斯（Jürgen Habermas）在《公共领域的结构转型》[32]中所阐述的要复杂。如今的公共领域方生方死，是刚刚打开却又立刻闭合，并迅速被更新的资本吞噬的状态。公和私不再是分清楚的两极，而是被剁碎的肉饼。

五、数字异化的平台

互联网之父蒂姆·伯纳斯－李（Tim Berners-Lee）曾说："我设计互联网的时候，本来是去中心的结构，每个人都可以建设自己的网站，现在互联网变成中心化结构，所有企业都利用算法重新分发流量，并且号称这是为用户提供价值。"部分互联网企业可以轻松地让平台上的内容消失，过去那些需要动用法律才能拥有的权力，现在已经被下放到了企业平台，通过各种用户不得不遵守的协议，让网络数据脱离用户私有财产的范围。因为用户购买或者免费享用的只是使用权，所以平台有权禁止使用。为了尽快唤起用户对平台相关的情感粘度，并进一步将内容划归监管，随着流媒体上各类个性事件的发生，社交媒体巨头们都实施了自有的"社区准则"，划分和规范其网站上的各种直播内容和主播的行为操守。Facebook 在《社区标准 14》中就提到限制展示裸体和性活动，也可以默认删

---

32. 尤尔根·哈贝马斯(Jürgen Habermas)：《公共领域的结构转型》，曹卫东译，上海：学林出版社，1999年，第32页。

除性图像，防止未经同意的或未成年的内容。YouTube平台不允许存在性诱惑，主播发布色情内容可能导致频道关闭，或内容删除。TikTok标明网站不允许在平台出现露骨的内容，包括动画内容。中国的流媒体直播平台借助"天眼"AI引擎、AlexNet的"鉴黄模型"等智能审核系统可以快速实时识别网络主播关于衣着暴露、色情暗示等的违规行为，自动列入黑名单禁播。Tumblr也曾是最成功的社交媒体网站之一，曾经有段时间该网站10%的域名集中为色情内容，[33]然而在雅虎和Verizon公司的收购后，加强了内容管理的过滤器治理，最终完全禁止了色情内容的发布。我们不会质疑抖音、Youtube，Netflix等其他任何流媒体服务为何不提供成人娱乐内容，因为道德形态霸权的意识形态为了避免破坏平台利益，直接剔除了内部道德的风险问题，将控制和监管划分为必要和默认的内置关系，并将色情内容转移外置在了隐蔽的专属网站。

在大众媒体时代，资本公司更侧重的是内容生产的程序，而在社交媒体及流媒体时代，单向的程序转化为用户和平台之间的双向流动。用户发布内容，引导信息流。网站平台调整算法和用户界面的设计影响流量的导向和用户体验。同时用户也可以通过内容互动影响平台的信息流。

技术并不关心公众的日常生活，一切

33. Perez, Sarah，*Tumblr's Adult Fare Accounts for 11.4% of Site's Top 200K Domains, Adult Sites are Leading Category of Referrals*，Tech Crunch, https://techcrunch.com/2013/05/20/tumblrs-adult-fareaccountsfor-11-4-of-sites-top-200k-domains-tumblrs-adult-fare-accountsfor-11-4-of-sites-top-200k-domains-adults-sites-are-leading-category-of-referrals/, 2013.

都只是为了测量用户数量、日活、月活和平均在线长度等可以用数字和货币衡量的换算指标。流媒体时代中手提电脑、智能手机、WIFI、大数据、云计算等新型技术，不过成为非物质生产的延伸。今天的劳动部分被智能化机器人和自动化程序替代，劳动者的生产工具也不再是资本家的固定资产，而是他们自己消费而来并且自由支配的平板电脑和智能手机，操作行为当中的数据信息产生了不同的资本形态——数字资本主义（digital capital）。网络流媒体直播平台作为数字资本存在其中，直播平台是第三方平台，主播和受众在此空间互动和消费。平台制定规则，推出按等级收费的弹幕及打赏互动方式，并起到第三方的监督作用（房管会根据举报对受众及主播的不良内容予以禁言或者封号的举措）。在直播中发生的所有的资金、互动的信息和数据都流向这个平台，当这些流量变成潜在的形象营销之后，形成了可以控制主播的产业链（场控、经理人、经纪公司等），如平台会根据粉丝流量和受众评价进行主播 pk 排位、（粉丝）贡献榜单、壕友榜以及开辟新的优质主播的孵化器——网红培训产业链。这个平台又会利用它的流量信息，为主播提供相关的大数据服务，比如计算受众的直播内容喜好倾向与在线流量时间段统计等，指导最受欢迎的内容生产，根据阅读数、点赞数区分不同等级,调整主播的形象策略,甚至直接出现为主播量身定做的一系列宣传造势服务。在互动参与、内容上传过程中,用户的弹幕和互动参与被具象化为数据,成为资本积累的筹码。这些都印证了广大网络用户在资本灵活积累的过程中沦为数据劳工的事实。在直播平台中,每当有人为主播送上高额礼物时,平台会向所有其他受众推送"土豪打赏某某主播"的滚动条,并呼吁所有的受众都去围观这场主播盛宴,也会同时将广告直接植入各主播房间的屏幕模块,为受众提供潜在的导向性选择。所有这一切是数据通过流量做出的运算。用户生成内容(UGC)包括用户有意识地上传的一些文字、图片、视频等资料,也会连接用户的消费和信用记录等信息,这些庞杂的符号也汇流成数据的重要组成部分,为广告商提供更为精准的数据源,为技术企业勾勒更为直观的研发目标。直播平台越多的用户流量、越长的直播间停留时间,意味着越多的广告收入,应用甚至对每个用户的打开频次、滑屏速度都有细致的分析来最大化广告带来的收益。热门网络综艺"偶像练习生"在选手比赛期间,粉丝可以通过在天猫商城购买某品牌矿泉水获得额外的投票;"中国新说唱"节目里已经被淘汰的选手仍然会因为占有较高流量而比获奖选手更容易获得其他演出或代言机会,资本企业因为掌握这些流量数据,因而在选手还未成为明星之前,便可以以低价完成签约的手段。随着数据的大量收集,平台空间更加商业化和专业化,开始集中投资于专业内容的制作。比如YouTube与官方音乐平台的合作,Twitch与Steam游戏平台的交易,小红书等社交媒体上各类官方品牌商之间的加盟和内容生产。

流媒体生产的数据全面地支配着今天的数字资本市场。每一个个体以网络平台为基础的日常变成了数据,和法国哲学家贝尔纳·斯蒂格勒(Bernard Stiegler)所说的自动化社会[34](automatic society)一样。我们现在所依赖的数据算法,就像我们过去依赖大众媒体话语中的专家认定。社交平台在系统后端连接的数据流,成为集合层,这些体量巨大的数据层集,使得这些平台成为"中心化"的力量,而非"去中心"化的力量。也正是这股中心化的力量引导用户遵守平台的架构(architecture)和机制,并将其结构化。

诺贝尔经济学奖获得者赫伯特·西蒙(Herbert A. Simon)将抢夺用户关注力的逻辑命名为"注意力经济"。那些因为演化而依附于公众的本能和欲望,不可能经得起资本精心营造的诱惑。我们能在LOL(网络竞技游戏)扮演现实中扮演不了的英雄,能在流媒体直播享受现实日常中稀缺的情感认同。每

---

34. 斯蒂格勒认为自动化社会已经成为我们生活的现实,即全集成化的物联网、超控环境以及各种智能化的传感器的应用,基本实现了对地球周围环境、城市空间与家庭空间的自动化管理。

日沉迷网络游戏或者直播的公众背后,都有他们在日常现实中无法获取的快感或是无法实现的情感价值。大量奇幻形象日常的免费App应用成为"内容入口",每天起床开始就被形象拽走;公众从一开始就被跟踪喜好并且朝着技术生产的设定成为它们希望用户成为的形象。周而复始的日常最终被愈演愈烈的数字技术进步彻底占领。"随着电子媒介日常化,公众不会再意识到它们的存在,最后,它们会完全消失在日常生活的背景当中。"比马克·波斯特(Mark Poster)在《日常(虚拟)生活》[35]一文中所预言更甚的是,它们不仅隐形,蓝牙、GPS、随身穿戴等技术已经成为我们的器官。学者蓝江在数字资本主义的时代改写马克思的名言:"在数字化生产条件占统治地位的社会中,整个社会生活表现为数据的巨大积聚(accumulation of data)。有生命的物质性的一切都离我们远去,变成了一种数字化(digitalization)。"[36]确实如此,公众存在的主体性意义,只能在这个数字化的平台上被重塑。这或许解释了为什么今天即便两个人面对面,也更喜欢以社交媒体为工具交流,为什么微信红包上抢到的一元数字可以让人欣喜若狂,但对现实中的现金都不太在意。生存、生产、日常本身都被数据化的平台重新组织和架构。在感觉不会发生变化的日常,恰恰是以数据为基础的平台让

35. Poster M. *Everyday (virtual) life*. New Literary History, 2002, 33(4), P.743-P.760.

36. 蓝江:《数字异化与一般数据:数字资本主义批判序曲》,《山东社会科学》2017年第8期,第5—13页。

公众的方方面面发生了数字化的异化,而不是物化的异化,生命只有附着在这个数据平台上才能获得主体性。主体在数字资本主义的平台上被更深层次的异化。

数字异化中的"网络劳工"受剥削的性质与工业社会时期出卖身体劳力的技术工人相同,制造流媒体直播的"情境",劳动者出卖的是更多的日常生活,他们长久地在电脑或移动终端面前,表演代替了肉身,日常的每个动作都可能资本变现。日常正是工作(work),他们带着丰富的情感,热情、活跃、亢进地劳作着。被网络主播的"工作"所加速的生产形式创造出了冲击与炫目,轰动与尴尬,依靠着形象组合、在线时长、才艺表演和优质对话为受众所提供的是那些未知但受众们想要拥有的情感财富。网络从业是免费劳力最多的产业,靠着参与者对自身时间与精力的自我剥削来维系系统,免费的劳动不可见,但是它们保持着流媒体直播行业的生态周转顺畅。直播的劳动力依靠这些主播夜以继日地工作(日常),但却不将其与任何一种传统劳动力的形象挂钩,因为数字异化的平台创造的是个体的梦想。

六、生产与消费的生态学

因流媒体直播的内部循环系统的存在,主播一方可以让渡私人空间和日常给平台、粉丝及受众换取资本利益,等级机制取决于流量和受众影响力;而另一方则是受众付费或者花时间来交换情感认同,完成主体的再塑造;双方互相影响生产的内部机制。外部系统则以嵌入各大跨境电商平台"直播+电商"的形式组合存在。国内这类嵌入式平台大抵可分为两种:网红类(含明星)直播和互动类直播两种模式,前者的典型代表为淘宝、京东、聚美优品、网易考拉海购等,后者代表平台主要是小红书、抖音、波罗蜜等。涉及日常生活方方面面的产品都开始以直播营销,围绕支付,逐步嫁接贷款分期等业务,为用户提供财富管理服务。特别是一些流媒体直播平台既拥有前端的流量入口,又拥有后端牌照,串联起流媒体直播产业链的头尾,在外部体系内形成闭环。美宝莲纽约化妆品公司的直播发布会邀请了Angelababy(杨颖)及50名网红主播进行同步直播,在短短2小时就卖出10000支口红,转化销售了140多万元人民币。明星吴尊在淘宝直播推荐奶粉品牌产品,60分钟带来120万人民币的销量,单品转化率高达36%。网红主播们经意、不经意情境营造的日常配饰和配件都可以迅速在相应广告位的购物网站找到同款，受众积极消费并追求主播同款的形象配件。

形象所造就的符号消费奇观如英国社会学者迈克·费瑟斯通（Mike Featherstone）所言："发展了一种强调初级的直接沉浸和非反思性的身体美学，将现实转化为影像，并喜好以审美的形式呈现人们的感知方式和日常生活。"[37] 流媒体直播实现了生产与消费的实时同步。一方面，网络主播生产直播文本内容的同时又是消费者，通过消费自己的身体获得主体性的安置。而受众既是流媒体直播的消费者，也通过弹幕互动、打赏等成为直播内容的部分生产者。也就意味着网络流媒体直播平台的用户都成为"产消合一者（prosumer）"。[38]

泛娱乐主播的直播内容大多是提供情感问答、才艺表演及日常记录。直播过程中，主播需要即时管理情绪，实时回应受众提问，付出情感劳动。各流媒体直播平台主要依靠网红主播、明星主播撑起平台的流量，其他自由类主播则为"附带福利"。明星主播以回答粉丝问题、日常生活展示为直播内容，但是直播频率低、时间不稳定。明星主播及网红主播针对特定的受众，拥有庞大而稳定的粉丝群体，变现渠道多样。网红主播以与平台及经纪公司签约年薪加上受众打赏收益分成为主，直播内容更具表演性质。在此情

37. 迈克·费瑟斯通（Mike Featherstone）：《消费文化与后现代主义》，刘精明译，南京：艺林出版社，2000年，第32页。

38. 产消合一者是由"生产"和"消费"两个词合成而成。由美国学者阿尔文·托夫勒提出，指的是生产者即消费者，生产即消费的同期行为。

境剧场，主播因受众对"现实感"的强烈需求，以阿莉·罗素·霍克希尔德(Arlie Russell Hochschild)分析的深层表演（deep acting）[39]情感管理策略，适当展示自己的真实情感及情绪。与其他浅层表演的传统服务行业相比，网络主播们拥有更多的表现空间。而对于自由类主播，获得经济利益并非主要目的。他们阶层及年龄不均，且并没有像网红主播们提升直播技能和用户黏度的需求，大都以打发闲暇时光及对网络主播行业的个人好奇、兴趣为初衷，以情感认同为目的进行直播互动，也因此他们的表演性较弱，他们在展示日常生活的过程中采用更随意自由的策略。

网络主播们提供了一种互动循环的情感消费方式。每个参与的主体既承担生产，又消费。区别于传统服务业造成情感异化的单向度情感劳动，流媒体直播中的产消者进行情感劳动时也在情感消费，同时获得情感认同，重构主体性，这又有利于情感劳动的再生产。对于劳动主体的管理，不再只是福柯所说的全景敞视监控，还涉及了齐格蒙特·鲍曼（Zygmunt Bauman）所提到的液态监控（Liquid Surveillance）[40]。这意味着，不再只是对劳动主体的后台管理，还加强了劳动过程中劳动及消费的循环。流媒体直播作为一种数字劳动，资本将劳动主体的经验、情感、身体统统转换成"三合一"的产品，日常也

---

39. "深层表演"由霍克希尔德提出，指的是劳动者通过调动情感资源，创造丰富的社会关系，努力使其与表现出的、与工作要求相符的情绪保持一致。

40. "液态监控"由齐格蒙特·鲍曼提出，指液态化的后全景敞视特征、对社会的监控范围更广，形式更隐蔽。

被打包并降维成屏幕当中的混合现实模块。打赏动画中的丸子、佛跳墙背后的垄断机制并不会被用户深究，免费的平台搭配用不完的流量包套餐是出战江湖的必备行头。

麦特·希尔斯（Matt Hills）在传统媒体时代就已经注意到"挑战不是来自对电视制作人利益和资本流通中的权利，而是迅速被营销的实践利用"。[41] 日常在流媒体时代是一种作为诱饵的编程功能的商品，直播的企业平台捕捉它们以便出售它们。这反映出自冷战后资本主义世界体系进一步全球化、数码化、网络化的趋势。这其中涉及的情感劳动问题，涵盖新的劳动领域、生产方式、劳工组织形态和文化表达方式。美国学者迈克尔·哈特（Michael Hardt）使用"情感劳动"（Affective Labor）的概念形容人与人在交流与沟通中所付诸的感情实践。他认为情感劳动生产了幸福、满足、激情这些不可触的感觉。在群体层面上，情感劳动生产集体的主体性（collective subjectivity）以及社会性（sociality），最终产生社会，文化工业就集中在这种情感的操纵中。资本主义轻巧、平顺地透过直播平台又将安东尼奥·奈格里（Antonio Negri）与哈特分析中的"诸众"变成"主体化"梦工厂的参与者与制造者。奈格里曾分析指出，越来越多的非物质劳动者，情感工作者，从事有关资讯交换、情感照顾、情绪服务、符号

41. Matt Hills. *Fan Cultures*. Routledge, 2005.

生产的工作。后福特主义[42]下劳动者将脱离福特主义[43]时间与空间的限制，转向生命政治（biopolitics）的创造。现实延续了他们的判断，足以自我生产、自我增殖，自我价值实现是诸众必然浮现的历史条件，直播内容及类型的情感动员方式吸收了各个阶层的受众。主播与受众之间的互动成为诸众的劳动，不但重新创造了后福特主义下的工作机会，也实现了公众在直播平台中的自我增殖与情感认同。过去我们认为草根阶层想要成为明星与中六合彩一样虚妄，然而网络流媒体直播系统里同时呈现的各种日常已经升级，去掉"过滤"的功能，一切阶层都可以被吸纳进这个生态系统。主播在手机屏幕前以各自的日常背景生产成叫作"形象"身份的罐头，粉丝、受众自掏腰包成为此罐头的推销者和经纪人，同时名字被平台以闪耀的数字动画形式飞驰在屏幕之上，工资则是虚拟化为主播表演或者慰藉达到的情感满足兑现，这种满足并不能够用货币衡量，而是一种主体性建构的生理及心理性得意。

流媒体直播虽呈现着"非物质化"的一面，但它同样有自己不可或缺的物质基础（比如手机、自拍杆、自拍灯等）。"泛娱乐"模块下房间视觉设计越发趋向模板化，直播间中的高级摄像器材、wifi 流量设备等作为物质基础必须要靠劳工制造和维护，否则也不可能存在。

42. 后福特主义是相对于福特主义而言，以满足个性化需求为目的，以信息和通讯技术为基础，生产过程和劳动关系都具弹性、专业化和精益化的生产模式。在通讯和智能技术的协助下，后福特主义的时空延伸产生非标准化的生产形态。

43. 福特主义原本指的是安东尼奥·葛兰西描述基于美国方式的工业生活模式。本文中指的是以西方企业为代表的福特主义生产方式，以市场为导向，以分工和专业化为基础，以核心特征为标准化流水线作业、大规模生产，以较低产品价格作为竞争手段的刚性生产模式。

物质性的劳动力被"云"状态遮蔽,它的可调动性、去地域性、灵活机动性遮蔽了它的资本性质。自(社交)媒体开创群众书写的时代,让过去只能被动接受的受众变成主动参与的"产消者",web2.0使得使用者自主参与为平台生产大量内容(UGC),人们努力贡献日常生活所有的数据。用户大量增加实时监控,游戏解说与各种日常情感宣泄等的直播内容生产。平台以"免费模式"吸引更多用户,在相当程度上就是朱利安·库克里奇(Julian Kücklich)所说的"玩工"(Playbour),他们花费大量时间、精力在直播日常闲逛和网络游戏里,沉迷的同时也成为直播平台的免费人力广告吸盘。

在2018年中国互联网络发展状况统计调查中,我国的网络游戏用户规模就曾达到4.86亿人,占总体网民的60.6%,比2017年末增长4391万人,流媒体直播平台就是这群游戏用户的主要场域。从网络直播的首页设置就可以看出部分企业平台的内容框架以及至少一半的直播流量都是以电竞游戏受众为基础。每年流媒体直播的收入前十名大部分是网络游戏电竞选手,强大的粉丝群成为这些平台的厚实脊柱。2018年,虎牙直播平台自主举办手游电竞大赛、英雄联盟狗神杯十万赏金solo争霸赛,并且与腾讯游戏公司合作开展海外游戏直播业务。随之而来的是资本逻辑扩张的驱动下,流媒体时代所掀起的新圈地运动。各大直播平台争相邀请签约在国际电竞赛事中获胜的团队成员在平台将游戏日常化,要求签约成员执行每日上线直播时长标准等一系列规则,这类主播日常也随之变成情感劳动。

情感劳动中的劳工问题经常被忽视,因为它一般不被看作是劳动,而个体情感劳动透过情感、符号、象征、情绪的生产而自我增殖。部分公众不再区分休闲与工作,白天赚取工资,休闲时间则抓紧努力分享朋友圈,生产网络直播内容,再顺便接受网络游戏平台交付的日常打卡任务。这时,公众无时无刻不在工作,日常时间全部变成劳动时间。社交媒体时代初期"收割时间"的行为仅限于图文内容、标题和贴合基本喜好的个性化推送,收割人们上厕所、等车的"碎片时间";随后利用流媒体技术大举进攻视频直播领域,收割对象变成了用户的所有时间,系统自动地精确推送受众喜欢的直播形象,提醒着还可以点选其他类似的直播内容。流媒体时代,日常只剩情境的框架,不以时间作为参考。因为时间不仅看似无成本,"无限流量""不限速"的短信时时提醒我们,如果你不抓紧使用,它们就会"被浪费"。时间在移动网络技术产生开始之时就注定是廉价或者免费的;传统媒体时代的日常是有成本的线性内循环叙事，而流媒体技术下的日常生活一直在线且"免费"，我们深陷在将日常产消化的劳动生态系统中。

七、日常生活批判理论

列斐伏尔的日常生活批判理论是对我们有重要借鉴作用的并行框架，因为他在所处的语境中，警觉地发现资本主义社会的新形态，推进以日常生活为基础的资本主义批判，并将宏观批判转向微观的"总体人"的日常生活思考。资本主义的社会发展在媒体技术的扶持下，一直更新着矛盾和状况，充分媒介化的今天，公众的日常不再有关日常实践，而是免费劳动和形象展演的堆积。重访他所提出的"生产性的生活实践"路径，虽然存在乌托邦的色彩，但是其中所展现的有关日常的感受力和想象力，就建立公众关于日常生活主体性的意识仍然具有重要的现实意义。

19世纪以来，西方资本主义的高速发展印证了马克思理论中关于人的全面异化。以列斐伏尔为首的西方哲学流派所提出的日常生活批判理论取代形而上学的哲学思考，这是重要的西方马克思主义理论转向。受马克思的异化理论影响，列斐伏尔提出："当代资本主义社会是一个全面异化的社会。而日常生活中的异化离群众最近，对群众的本能的压抑、对他们的创造性与革命性的窒息最严重。"[44] 他认为消除资本异化的可能在于日常生活理论批判,通过日常、艺术实现"总体的人(total man)"得到解放。他强调:"以往模式的革命只重视宏观世界的革命,即重视政治问题和经济问题,重视社会解放,而忽视了微观世界的革命,即忽视对日常生活的批判,忽视个人的解放。"[45] 列斐伏尔认为日常生活有动态性的发展过程,在他前期的理解中,单调的日常是一种未分化的人类实践总体,具有单调和丰富的二重性,只是资本主义使日常生活异化,并将日常生活组织到了消费社会的总体环节。"在现代世界里,日常生活已经不再是有着潜在主体性的丰富'主体';它已经成为社会组织中的一个'客体'。"[46] 于是列斐伏尔在日常批判理论中提出公众如何可以从已被景观吞噬并嚼碎的日常中重新发现深刻的内容,那就是他寄予厚望的对于异化了的日常的抵抗——艺术和文学。到后期面对"消费受控制的官僚社会",他又提出了总体性都市革命的战略构想。当异化问题成为社会的普遍感知,日常也愈发获得学术界的关注。阿格妮丝·赫勒(Agnes Heller)、哈贝马斯等也都从不同的角度将日常生活纳入各自的研究领域,在《日常生活》当中,赫勒定义日常为:"使社会再生产成为可能的个体再生产要素的集合。"[47] 她区分了日常与非日常之间的界限。

44. 陈学明等编:《让日常生活成为艺术品——列斐伏尔、赫勒论日常生活》,昆明:云南人民出版社,1998年,第9页。
45. 同上。
46. Lefebvre, Henri. *Everyday life in the modern world*. Transaction Publishers, 1971.

巴赫金将狂欢式的自由生活区别于等级秩序的日常生活。他认为在狂欢中，人们进行着颠覆权威的仪式和表演。节日有着平等和颠覆的特性，人们可以暂时进入"全民共享、自由平等和快乐富有"的乌托邦。日常生活批判理论的学者们关注到伴随媒体技术发展如何将日常裹挟到资本加速的涡轮中，也尝试着将日常作为解药，通过积极地重建它来消除异化。虽然他们的出路在当下只是被愈演愈烈地资本化，但是论述中所显现的关于日常生活实践的创造力还是带来了诸多启迪。

在传统媒体时代我们看到更多的是对战争、庆典、英雄、革命这类非日常生活的消费，日常是被否定和悬置的对象，精英阶层所控制的社会媒体拒绝了与浪漫时代格格不入的日常，日常只能作为展示"非日常生活"意识形态的叙述基础。随着互联网的快速发展，一切宏大的叙述都被解构，取而代之的是对日常的消费，媒体从两个层面夹击：大众媒体层面，如在以亲情、爱情、友谊为主题的日常电视剧（《欢乐颂》《甄嬛传》《小欢喜》《安家》等）当中使角色形象更贴近观众的真实日常，凭借展示不同阶层的苦与乐，以及对应职场攀升的穿越剧情使得各阶层的观众获得极大的情感认同，增进其对日常的情感体验共鸣；社交媒体层面，移动应用变成日常器官，资本主动为产品增加日常生活要素，又在流媒体技术驱

47. 艾格妮斯·赫勒（Agnes Heller）：《日常生活》，衣俊卿译，重庆：重庆出版社，1999年，第3页。

动下的直播平台吸引各阶层观众的窥视欲望，慢综艺等休闲娱乐都在不知不觉中成为意识形态的共谋。

回到1957年，列斐伏尔在论文《向着革命浪漫主义前进》谈日常生活中主体性的浪漫抗争精神，情境主义者们继承了超现实主义衣钵，延续日常生活的美学反抗，通过游戏、异轨、漂移，还有节日的策略。米歇尔·德塞都（Michel de Certeau）在《日常生活实践：实践的艺术》[48]中提出反日常的、自上而下宏观的"战略"（strategy）以及日常实践的、自下而上的"假发"策略（tactical way）。在列斐伏尔表达的意义上，日常生活就是最前线，要将日常生活创造为艺术、节日，以区别于资本主义的日常性。他期待一种非等级制的游戏，创造性的差异化力量，使文化价值反转，使感受力蔓生的潜在能量。这种潜在的能量将自下而上地改变日常生活的内部结构。列斐伏尔所期待的潜能量并没有发生，社会运动只停留在短暂的"#社会运动"的标签中，被资本主义凝固成表情包类的存在。摄影、电影、阅读退居成为一种非正式的日常交流，有社交媒体APP应用的日常才是正式的日常。学者鲁明军曾经在《"微叙事"及其知识机制——界面、速度与批评》[49]一文中提出社交媒体对于日常的两个直接的后果。一个是它把包含了休闲和劳动在内的日常都变得表演化。社交媒

---

48. 米歇尔·德塞都（Michel De Certeau）：《日常生活实践：实践的艺术》，方琳琳、黄春柳译，南京：南京大学出版社，2015年。
49. 鲁明军：《"微叙事"及其知识机制——界面、速度与批评》《美术研究》，2015年第4期，第88—100页。

体激发所有人开始积极介入公共事务的讨论，与此同时，使得明星、专家，越过机构、传统媒体和出版物直接面对公众，而这无疑也鼓励了网络成为草根阶层社会实践的一部分。这些实践也正在超越传统的对象范畴，事件目的或许只是在于吸引（受众）注意力，但事件性又不断被转发覆盖而无法被深入思考。因此在某种程度上，公共性甚至被约等于表演性。他认为网络时代的政治生产在赞与转发之间，最终沦为一种表演。不论是政治名人、明星，或者恐怖分子的任何政治实践在屏幕的加持下，都变成了社会表演。回看鲁明军写这篇文章的2014年，还在微博热腾当道的时间节点。网络流媒体直播平台的杀入，不只使得一部分草根阶层的社会实践被看到，最重要的是他们有通往和名人一样"社会表演"的直播厅渠道。社会的事件在社交媒体的文字和图片呈现中还能短暂被讨论，而在实时性播放的直播平台只剩下无尽过程的"形象"大行其道。美国的社会学学者埃琳娜·加波娃（Elena Gapova）认为："流利的解说能力很重要，个人在信息交换的过程中必须要积极地'塑造'自己、展示自己，建立自己的名声，成为圈子的一员，获得专业上的成功缺一不可。"[50] 身份和人格密集地被制造并商品化，模糊掉其劳作和生活的界限，私人事务也成为增添受欢迎度和可见度的"素材"，表演和日常自然地合体。网络流媒体直

50. Gapova, Elena. *Becoming visible in the digital age: The class and media dimensions of the Pussy Riot affair.* Feminist Media Studies 15.1，2015, P.18-P.35.

播平台作为建构形象的"新的媒介文本形式"而存在。直播提供了个人既公开又私密的交流方式,以促膝长谈、亲密好友的方式对每个受众言说,以受众的情感认同和主体建构盈利。网红及明星主播们别无选择,自由类主播则更出于自愿,他们都在努力去跟每个受众成为"闺蜜",通过沟通与展示来保证访问流量,去维持粉丝共同体到资本变现的转换。直播间看似给用户提供了一个隐匿的全新身份,直播内容不同于传统媒体当中的固定叙述逻辑和框架,私人的日常和无剪辑的镜头在这里将主流意识形态和等级秩序稀释。然而,社会的权力结构只不过是被形象化成了礼物打赏和"土豪实力榜"及"巨星主播榜"。公众只看到网络直播的平台给了每一个人成名15分钟的狂欢和成名机会,却并没有看到也给了每一个人不到1分钟身败名裂,将数字化的日常剔除、再不复归的机会。

法国社会学家乔治·弗里德曼(Georges Friedmann)提出"技术的组合"每一天都在改变我们生存的条件,改变日常生活,日常生活是速溶的、即刻的生活(instant of life)。而这种即刻的生活越来越多地被环绕在公众周围的技术所决定。今天网络流媒体直播平台用强技术性的展示方式捕捉日常生活,人们并不喜欢看似平凡无聊的日常,但是对于每个主播却也是最信手拈来的展示材料。其他阶层和职业的日常对受众而言都是不曾见却又可供消费的形象故事。在直播的情境模块分类下，与自己索然无味日常完全无关的影像充满冲突矛盾和戏剧性尴尬的诱惑。"富二代化妆体验流浪生活""无敌是多么的寂寞"，等等，主播用神奇的标题和标签索引创造着感官的诱惑，让受众展开自己日常的帘，走入主播走心创造的幕中。这和列斐伏尔的屏幕时代一致，休闲是逃离日常的慰藉。它站在日常生活之外，但又没有离开日常生活，直播每天都在吸引用户，把公众变成了公众自己外部的围观者。公众活在现实的日常里，日常生活里又充满这样的影像让公众离开，它肤浅但是充满奇观的效果。各式休闲娱乐的特点正是当人们真实的需要在这个社会上不能被满足的时候，制造出快乐的虚构物作为替代来满足公众。只是在过去，屏幕里才有公众关心的名人形象，休闲作为一种有助于生产的再生产。当下日常既是生产也是再生产，同时任何人或者物都可以成为被围观的形象，并利用这神奇的形象使我们开放地关心起这世间所有的展示（日常）。

网络流媒体直播的用户并不是特定年龄层的群体，也不止于日本文化批评学者东浩纪所形容的非社会且孤独的动物化处理情感方式的"御宅族"。中产、精英，草根阶层都可以是直播的用户。他们所沉浸的直播就是他们实践身份，是各自提高互相认同感的江湖。这里是一个网络自我增生的社会展示系统，打造超级社交机器（super social apparatus），用户生产自己，是奈格里报以希望的生命政治的自我生产（Biopolitical production）。被实时流技术直播的日常是不需要技巧的自动化展示，是日常、虚拟的世界。展示（无限的自动输出）就是网络直播创造意义的全部。

流媒体时代，塑造公众日常生活的是智能手机手柄的设计细节，是传感器、制动器、处理器和天线的精确显示，是管理各类网站的条款，是指导与各项应用程序和服务互动的常规用户界面，还有应用程序开发企业所运用的商业策略和模式。这些技术、决策不会在公众身上立即奏效，但很明显的以各式微妙而不被人发觉的方式，决定了他们通往世界的路径。流媒体直播作为媒体新技术界面的一个脉络，却是集合了协商、进化、干扰、竞争和补救的复杂生态学。从受众围观的那一刻起，它就在预设公众的日常安排、供应体系和资本的流动。所有的形象、权力关系、情感认同索引和主体的再塑——已经成为我们最基础的日常实践。流媒体直播的互动体验时时怂恿着用户相信对现实的体验由形象定制。公众的情感认同和社会认知不断被主播篡改着，与此同时也在被不知名的其他受众所篡改着。在直播屏幕中，即使不加V的头衔，有时也依然能拥有被受众关注的形象，他们才是如今知识的权威，教授着母婴知识、化妆技巧、理财方法、人生鸡汤。曾经熟视无睹的日常化身消费市场，每一个形象商品都预先被设计了用途。

"没有鲜花或秀美的树林来装点的风景固然让游客们感到沮丧与失望，但花草与树木不应当让我们忘却在那大地深处，还蕴藏着丰富而神秘的生活。"[51]这是列斐伏尔想象的日常生活，他寄予厚望的文学和艺术在流媒体技术加持下的媒体时代仍未找到出路。今天的当代艺术被巨大的博览会、苏富比拍卖和噱头加持的展馆等标签化，成为资本市场的工具，阶级象征的标准，身体和日常作为最后的疆界，也已被资本帝国征服。

八、被覆盖的自媒体 We-Media

提到自媒体（We Media），我们首先想到的关键词必然是社交媒体（Social Media）。社交媒体作为一种人们彼此分享意见、观点和经验的平台为个体提供分享的途径。世纪交接之际，公众曾欢愉地歌颂自媒体（we media）时代的来临。2002年，IT专栏作家丹·吉尔莫（Dan Gillmor）提出自媒体的概念，2003年，美国的谢因·波曼（Shayne Bowman）与克里斯·威理斯（Chris Willis）明确提出了自媒体的分析报告，界定"We Media是普通大众由数字科技强化、

51. Lefebvre, Henri. *Critique of Everyday Life. Vol. 1.* Translated by John Moore, Verso 1991.

与全球知识体系相连之后，一种开始理解普通大众如何提供与分享他们本身的事实、他们本身的新闻的途径"。吉尔莫的专著《自媒体：草根新闻，源于公众，为了公众》[52]里充分描述了关于自媒体的特点，即它将传统媒体，如电视新闻的媒介权力机构削弱，让沉默的受众变成了积极的传播者。社会工作者、医生、工人、老师等普通人都可以成为"新闻源"。自此，有关个人的新闻时代开启了。博客、微博最大限度地给公众发送开放式的、带有个人色彩的原创性新闻。在那段时间内，舟曲泥石流、宜黄强拆自焚事件、上海静安大火、红十字会郭美美等热点新闻前仆后继地出现。自媒体的出现让不一定会被主流媒体播报的新闻推演为全国性的公共事件，甚至有力地促成了更多的集体事件。

正当公众为自媒体的到来而欢呼雀跃，我们还没来得及将 We Media 变成自身政治行动的基础，资本寡头已经巧妙地将其转换为对公众剥削的资料。天使投资人与科技创新分子在互联网泡沫经济后的 2004 年推出 web2.0 的概念，将消费者升级为主动的参与者和内容提供者。通过列夫·曼诺维奇（Lev manovich）所谓的上传资料、分享信息、提供解决方法等这些滑动鼠标、敲击键盘的"知觉劳作"，公众参与了社交网络的建设，进一步发展了社交工程。"一组建立在 web 2.0 的思想和技术基础上，基于

---

52. Gillmor, Dan. *We the media: Grassroots journalism by the people, for the people.* O'Reilly Media, Inc, 2006.

互联网的应用程序,允许创建和交换用户生成内容的平台。"[53] 如上指涉,社交媒体(Social Media)概念诞生了。在 21 世纪的前十年里,社交媒体迅速崛起并形成了由 Facebook、Twitter、微信这样的社交平台以及用户生成的内容网站 YouTube、bilibili、小红书、斗鱼等共同组织的广泛的网络生态系统。不再仅仅是信息交流的工具,还承载了社交、购物、游戏、阅读、娱乐、运动、理财等方方面面的功能,刷新用户日常的感知和体验。

以"自媒体"为关键词的研究甚少,往往直接将其归类于社交媒体,以至于我们当下甚少再次提及"自媒体"这个词汇。要警惕的是,我们是怎么进入 Social(社交而不是社会)媒体社会,同时如何将 We(我们、众)迭代覆盖?在社交媒体社会中,媒介技术的创造力固定在格式、软件和数码协议的特定框架和原设定里。过去自我和社会的对立被社交媒体和自媒体的含糊合并所覆盖了,不知不觉间,自身性和社会性之间的关系也在发生变化。我们顺理成章地享受和维护我们作为社会应用用户(user)的权利,却忘却了我们作为自我公众(Public)的权力。列斐伏尔指出的日常出路——艺术,在其中被资本覆盖着很多的可塑性。社会关系在社交媒体上的所有行为陷入公共关系和营销市场中。我们应该警觉社交媒体独特的技术、话语、组织策略,并知晓它们是如何引导社会流

53. Kaplan, Andreas M., and Michael Haenlein. *Two hearts in three-quarter time: How to waltz the social media/viral marketing dance*. Business horizons 54.3, 2011, P.253-P.263.

量的。我们也要时刻思考社交媒体自身的逻辑是如何与大众媒体纠缠在一起，又是如何影响着个人日常和公共生活的塑造。随着流媒体和互动技术的发展日益成为生产实践的核心，极度中介化的媒体让生产和日常毫无差别。"被媒介化的人"[54]（Mediated People）也更难从网络流媒体直播提供的大量无生命信息（dead information）的日常中抽离出来。注重实时性的网络直播扬弃大量缓存信息内容的后腿，使得再现产生危机，也使得用户主动放弃对传统展示"永恒性"的追求。

德波、鲍德里亚都揭示了视觉的、符号的景观通过媒介将人缝合其中，使我们的日常产生变异，消解人的感知能力。他们的分析让人联想到，当下虚拟化的资本体系中，用户不得不使用网络数字支付，对等的蚂蚁信用积分享受免费的充电宝，当公众个人变成了社会的消费者和社交媒体的用户，他们才被资本主义视为安全的人。中产阶级当下的无病呻吟都被资本算计在内，成为自我消化系统的一部分。

技术精确地影响着日常，因为当下它与日常的所有面向都缠绕在一起。它是混乱、日更、内嵌的，我们无法抗拒。当下大多数学者在批判 web2.0 的局限时，开始拥抱赋予去中心化标签的区块链技术，以太坊和 NFT 的 web3.0 阶段，并畅想着，把去中介化的价值互联作为一种去中心化的路径。我并不是对区块链技术的去中心化

---

54. 由哈特和奈格里在《宣告》（*Declaration*）中提出的新自由主义危机下生产出的其中一种主体性形象。

不报以希望,只是并不急于摒除流媒体社会当中网络直播间所透露出来的那日常烦琐肉感的可能潜力。日常无趣,但也让人不断重新思考它自身的状况、趣味,而不把它看成理所当然的材料。在日常的时空线上,总是存在着将日常用泥泞覆盖的挑战环境,这些环境又刺激日常观看和思考的方式,网络流媒体直播带来的日常的混杂广场的状态再可爱不过,因为它允许自我的表演。

在这一章节中,围绕关键词"日常",研究谈到了流媒体技术的产生,以及它以何种方式影响和塑造我们今天的时代。流量、平台、资本技术、自媒体这些关键词一起串联和映射出网络直播间背后的脉络,这些脉络又和当下我们身处的日常交叉。这些线索提醒着我们所处的日常是一个线上、线下环境合成,由经济、技术和社会机制共同联结的混合现实(Mixed Reality)。但流媒体直播间除了双十一的消费狂欢、等级制度和资本平台之外,还提醒着我们另外的一面:日常琐碎地展示在用户形象的使用和创造下,也滋生出"再现"之外的可能性,用户可以通过作为生产资料的网络流媒体直播制造出关于"表演"的惊奇效果和猝不及防的诡计,让复数现实的日常和公众的潜能在肉身所处的"展演性社会"显现。

第二章
展演性社会的完成态

网络流媒体直播之所以深入人心，在于它不仅满足了公众观赏不同个体，不同阶层日常展示的好奇心，同时"每个人都能当主播"的无门槛平台模式刺激了他们对于主体的想象。这是一个全民展示的时代，各种展示技术促进了主体性的重构和客体化，公众主动将自己的日常现实打造、拼贴成展演性社会中的广告牌。过去屏幕外那些往往被忽略的，我们希望隐藏和遮蔽的日常变成了表演。在第二章中，研究试图描绘资本与技术合体下景观社会的升级形态——"展演性社会"，并讨论以情感互动为基础的直播技术营造的情境空间和辅助直播效果的媒介形象工程。最终我们将分析它又如何从"内"将无形的奇观应用牢役变成泛起波澜的心灵投射场，以及新的技术媒介环境之中展示性和表演性形成的主体—中介—客体的三元混合认知结构。

第一节 情境的展示技术

场景、情景、情境的词意都离不开展示的技术，在《即将到来的场景时代——大数据、移动设备、社交媒体、传感器、定位系统如何改变商业和生活》[1]一书所提到的场景时代已经是我们当下生活着的表象现实。在电影理论中，场景指的是一定时间、空间内发生的行动或者因任务关系所形成的具体画面，通过人物行动和生活事件来表现剧情内容的特定过程。今天的日常确实是由这些移动终端所提供的琳琅满目的场景应用所串联组成。美国传播学者约书亚·梅罗维茨(Joshua Meyrowitz)从社会学家欧文·戈夫曼（Erving Goffman）的"拟剧理论"（Dramaturgy）获得研究灵感，他提出"情境"（situation）概念，以此出发研究"媒介情境"对人的行为及心理影响。梅罗维茨的情境概念强调由于信息流动的模式不同而造成的感觉屏障，侧重于媒介形式本身。Situation在牛津字典里解释为 "A set of circumstances in which one finds oneself; a state of affairs（一系列发现自己的状况，事态）"，或者"The location and surroundings of a place（一个地点的位置及周遭环境）"，该词注重的是个体与个体、个体与环境之间的情感链接。梅罗维茨将其在电子媒介内部做了

[1] 罗伯特·斯考伯(Robert Scoble)、谢尔·伊斯雷尔(Shel Israel)：《即将到来的场景时代——大数据、移动设备、社交媒体、传感器、定位系统如何改变商业和生活》，赵乾坤、周宝曜译，北京：北京联合出版公司，2014年，第9页。

更深入的分析。

网络直播类型	主播类型	特点	内容	资源	粉丝粘性	主要平台
游戏	专业电竞选手、电竞游戏爱好者	大部分为与平台签约的专业游戏主播,复制难度大,播出时间较固定,主播专业性技能强	电竞游戏讲解,大型电竞比赛现场	商业推广、直播平台	高(通常为电竞选手的粉丝,及各大网络游戏用户)	斗鱼、虎牙、企鹅、站旗、熊猫
真人秀类(明星与网红)	明星、网红达人	明星多为配合品牌宣传参与次数少,网红达人多为签约的头部主播,两种类型主播复制难度大,目的导向性重,播出时间较固定	粉丝互动、日常工作、品牌宣传	电商、商业推广、媒体	高(明星或达人粉丝)	映客、花椒、美拍
泛娱乐直播中的签约固定直播类	因个人特色、技术或者颜值跟平台签约的主播	播出有严格的在线时长要求,且时间较固定。互动策略更积极	才艺、颜值展示	直播平台	中等(个人粉丝)	各平台
泛娱乐直播中的不固定日常记录类	免费注册用户	内容生产类型多,主播上线时间不稳定、主播身份无门槛	日常生活(户外、美食、健身、吃秀等)	无	低(猎奇心态)	快手、斗鱼、抖音

图1 日常直播的主要类型分析

实时流媒体技术对今天展示及日常的影响在于,它孵化出的网络直播并不只是创造由人物活动和背景构成的精确的虚拟或现实的场景,或者仅仅基于应用技术营造个性适配的在场感,而是涵盖日常直播不同类型,以情感氛围引导为基础,营造互动式情境(图1)。同时,网络直播延展公众关系的交往界面,线上线下交错,构成日常的混合现实。这混合现实不是由情景(circumstance)创造,而是情境(situation)本身。情景在《古今汉语字典》

指的是"景象、情形"。情境则指的是"一个人在进行某种行动时所处的特殊背景，包括机体本身和外界环境因素"。情景与情境皆含感情、情趣等主观的面向，但"景"偏向景致、布景等实体的空间含义，是主体对于存在的客体之观察、描述。"境"则往往连接主体主观感受，可源于实体或虚构，除客观环境之外还必须有隐藏的主体在客体中的状态。网络流媒体直播不仅通过主播生产的日常直播内容、室内户外环境、房间装扮、游戏界面，还有平台自身的功能设置，生产含丰富情感性的社交体验。直播过程还通过声音、影像、弹幕、表情、礼物馈赠等功能实现情感往复的即时反馈，增强受众的情境体验感。主播与受众屏幕中的情感参与，实现了从场景物理空间到流媒体直播创造的情境空间转向。直播创造的网络情境联结着现实和虚拟，同步着主播和受众的情感体验。技术覆盖公众（用户）的日

图 2 国内斗鱼平台移动客户端主页面

常，公众（用户）主动地生产这些情境。

让我们短暂离开网络当中的日常展示，回到展示技术在物质空间的运用。学者博瑞斯·阿瓦托夫（Boris Arvatov）相信对于玻璃、钢筋和混凝土、灯光秀这些技术的使用增加了商品使用和事物之间透明性的关系，使得城市本身变成更好地展示。在城市博物馆的展示中我们可以清晰地看到展示技术的部件——装置、灯光、手册、作品介绍、声音导览、海报和旗帜的门面功夫；针对各种不同主题的展示对象需要一系列系统性的流水线工程，如展陈、保护措施、安全警报、背景、展签等，正是这些技术措施将公众带入博物馆的特定情境展示。博物馆引入提高展品视觉效果的人工光源和增加空间想象力的网络技术，为的是提高展示的效果，打造整个博物馆系统的可控制性。想要营造特定的人，艺术作品和空间之间的关系，除了拼装出来的技术成分之外，空间、策展人、设计师、艺术家等也都是这人工（artificial）集成装置的一部分。网络流媒体直播平台当中分类观看的功能性窗口（图2）与博物馆分类编目学的神圣性和操控性相近。情境直播间的技术操作复刻了一整套博物馆式的管理体系，除了后台网管、营销、推广的经济运作体系之外，还通过戈夫曼命名为"前台"的"舞台设置"，光线、音乐、道具、音响、房间背景、主播的服饰和妆效,还有直播中的各式功能场所。随着直播平台移动客户端的发展,空间从室内拓展到商场、广场、餐厅、景点等日常公共场所。"对人们交往的性质起决定作用的并不是物质场地本身,而是信息流动的模式。"[2]梅罗维兹时刻关注着技术所生产的社会情境造就的意义。他认为在电子媒介出现之后,脱离了面对面交流所依赖的物理场景限制,角色扮演的界限也不再是二分法。梅罗维茨最为关注的电子媒介是电视,他认为电视再次组合了社会场景,将之变成电子场景并改变了社会、权力和性别关系。公共空间的融合,深后台空间的出现都受电子媒介影响。在新的"社会风景",[3]社会环境被重新组织,也削弱了"场所"过去和人们的密切联系。梅罗维茨对于空间的描绘和想象难免带有技术决定论的色彩,夸大地把媒介视为社会改变的唯一原因,虽然我们现下所面对的技术时代已经更新迭代,但其中凸显出来的媒介与社会空间的关系仍然具有一定的启发性。

据中投顾问《2016—2020年中国网络直播行业深度调研及投资前景预测报告》显示,当时中国已超6.3亿直播用户。仅2015年,全国在线直播平台数量就接近200家,大型直播平台每日高峰时段同时在线人数接近400万,同时在线的直播间数量超过3000个。泛娱乐类型直播大厅的开辟,打破了先前对

[2]. 约书亚·梅罗维兹(Joshua Meyrowitz):《消失的地域——电子媒介对社会行为的影响》,肖志军译,北京:清华大学出版社,2002年,第30页。

[3]. 同上,第121页。

直播只有性感网红和职业电竞玩家的固化定义，不同类型的开放直播平台吸纳了更复杂的阶层类型，在这里总有一款情境化的展示适合公众无意识中的欲望生产，以及主体地再想象。

在这个被展示技术不断延伸、加补的日常世界中，世界变得触手可及，日常行为的意义常常因为中介化的媒体而改变。哪怕是普通用户，平台的移动端口界面也能给他们带来VIP般的体验，界面简单友好，同时也藏匿复杂的社交层级。在以"网络直播间"命名的博物馆里，虚拟的大厅中有着远超实体传统博物馆的可选情境标签，24小时向用户开放，用户只需选择向左或向右滑动。

一、身体管理学

鲍德里亚早在五十年前已经一针见血地指出：

> "在消费的全套装备中，有一种比其他一切都更美丽、更珍贵、更光彩夺目的物品——它比负载了全部内涵的汽车还要负载了更沉重的内涵。这便是身体……特别是女性身体在广告、时尚、公众文化的完全出场。今天的一切都证明身体变成了救赎物品。"[4]

4. 让·鲍德里亚（Jean Baudrillard）：《消费社会》，刘成富、全志钢译，南京: 南京大学出版社，2000年，第139页。

身体不只是一个肉身实体，它是社会身份建构和社会文化再造的载体。从图像的景观社会开始，身体也逐渐发展成为供受众观看的物和商品。

大部分的流媒体直播画面中，主播往往展露其面部和上半身。即便是男性主播在进行游戏竞技直播时，分屏画面也会出现自己的半身像，以此证明自己非"代打"（由别人操作你的游戏账号来帮你完成游戏战斗）。（图3、图4）这与早期游戏主播使用录播的形式相比，更能体现主播竞技能力的可信度，同时增加用户的现场参与感。因此主播从（录播）缺席的状态转变为（直播）"在场"。泛娱乐直播往往以女性主播为主，它们通常将自己的身体处于屏幕的核心地位，有时女主播的身体会占据整个屏幕，有时又会黑屏只剩下声音取代肉身。主播所处的物质空间和虚拟空间对等模

图3 分屏直播的游戏主播一边显示游戏画面，一边显示自己的手机与手，证明无代打成分

图4 斗鱼直播平台的游戏主播大多呈现分屏画面，一边是游戏画面，另一边则呈现自己打游戏的现场

糊起来,肉体化身屏幕中的形象,在与受众的参与和互动中通过媒介"编码",身体成为一种视觉符号去被定义、体验和客体化。对于网络主播而言,特别是女主播,由身体表演的形象商品成为吸引、维护粉丝群体的必须,主播需要通过一定程度的身体管理去获取受众的情感认同,并满足欲望主体建构的目的。

网红的身体规训中,身体的商品化十分显著。主播通过受众对自己形象的想象定义去管理、呈现、增值、建构(主播)自己的身体。流媒体直播虽然因为其即时特性会实时播放现场,但也仍然分为隐性的幕后管理和显性的台前表演。身体经过技术神器的加持和处理,突出身体符号的诱惑性,赢得受众的欲望想象。为了使得"身体化的商品"得到持续的关注,网络主播特别是女性主播的幕后管理采用自我技术来实现对身体的规训,如化妆、塑形、衣着打扮等。在台前的表演当中则是即时的规训,适时调整自己的身体。受众通过弹幕、虚拟打赏的方式共同实时建构了主播的身体表演。如在弹幕和虚拟打赏的互动中,受众可能提出观看主播扮演特定的角色,才艺表演及闲聊特定的话题(男性主播同样也会产生身体的即兴表演),既能满足受众社会关系的情感认同,又能满足其对于权力的欲望想象。

网络流媒体直播平台的内部资本设定也决定了身体的商品性异化,主播通过虚拟打赏总量和流量的高低进行排位。对于多数主播而言,他们是直播平台的收入来源和消费方式,也是平台资本变现的来源。身体资本在流媒体直播的过程中视觉化成可爱的鱼丸、竹子、火箭或者佛跳墙等各类打赏物符号,在线时长变成等价的经验值等级符号,身体深陷在商品化的关系中。观众打赏时通过虚拟货币购买虚拟礼物,再经由主播转换成真实的收入。虚拟礼物通过视觉化的动画符号及主播的亲密即时回馈实现了受众的主体性安置。受众的身体以数字化弹幕和视觉化符号在场。

为了配合流媒体时代的产消生态系统,主播的身体和空间共同构建了互相适宜的形塑和规训关系,身体也成为直播公共空间的物,在受众的要求和自身策略性的打造下,与空间编织主播企图塑造的形象展示。更准确地说,不管是主播被装载的卧室、客厅、街道的这些空间,都不过是为了关于身体的、形象的展示,作为情感物的主播身体又迅速在大量免费展示技术的帮助下繁殖更多与视觉规训密切相关的媒介空间。

二、民主化美颜

2000年蒸发8万亿市值的互联网经济泡沫化之后,网络技术促使新的资本-技术力量生成,Facebook(2004)、Twitter(2006)、新浪微博(2009)、微信(2011)将社会关系社交化,社交网络变成人们与世界交往的界面,同时也催生了一系列包含大量展示的技术应用。唯一一家在互联网时代就凭借"美颜"二字上市的公司"美图秀秀"于2008年诞生。简单易上手的操作界面和自动美化图片的功能使得该应用被称为全民美颜神器。针对公众的美颜需求,企业会精准调查相关数据,积累更多用户资源,创造新的流量高峰值。据美图秀秀公司调查显示,晚九点是自拍人数最多的时候;天秤座占所有使用用户的21%;而卫生间是排名第一的自拍地点。更有甚者,美图公司在2018年发布的T9手机宣传语中是这样写的——"独家自研金字塔多维人像处理技术,只针对皮肤瑕疵进行精细化处理,极大限度地保留皮肤细节,实现不磨皮的美颜,同时支持五官、脸型、肤质、面部特征保留等多维度的个性化定制,形成专属你的人脸3D档案。"除了面部,美图公司还把美化目标扩充到身体,加入骨骼点识别技术,结合大数据算出黄金比例,智能调整身材,做到全身美化。巨量的美图应用程序提醒着公众"修图"是每个人的权利,变美丽是每个人的应尽义务,公众因此积极塑造流水线工程上的个人形象世界。

打开手机的应用商店,美颜相机应用种类繁多。2013年诞生的"美颜相机"应用,年底时已经拥有上亿用户,与"美图秀秀"应用

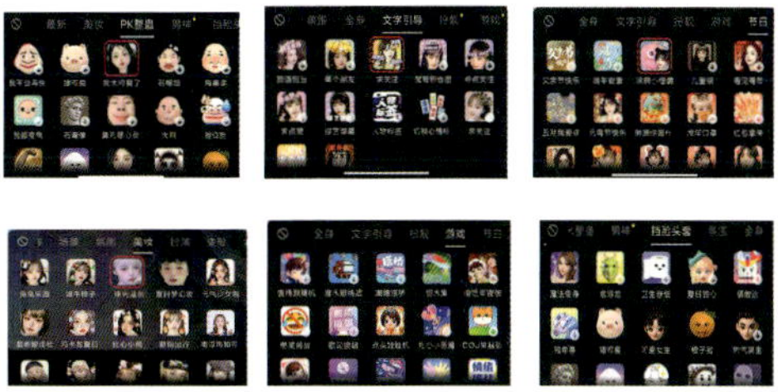

图5 抖音直播平台主播可选的美颜、道具效果

并驾齐驱免费美颜类应用榜首。从简单的增白、磨皮、修复面部瑕疵，再到后来的面部重塑、美妆、祛皱祛痘、增高塑形、增强肤色等功能。更多的算法和技术被投入应用到美颜类软件中。美颜软件在2013年每天活跃用户就已有1000多万，到2017年，应用就已经覆盖超过15亿台移动设备。每个平凡容颜在按照神奇指标参数进行修改后，都可以幻化成形象的展示奇观。相机所完成的图片只是半成品，只有软件美颜过的图片才是日常必备。随着实时流媒体技术的发展，相应的美颜SDK技术[5]生成，可以快速集成视频人脸处理，同时将Ar特效快速无缝介入，精准识别近106个人脸关键点，动态智能识别并优化五官及面部细节，即便在逆光、暗角条件下也能完美追踪流动的影像（图5）。再如3D图形渲染技术，可以实现3D面具特效等，满足了主播制造脸部特效的需求。照相机所完成的"再现"，在过去的意义是信息，而美颜过的形象才是流媒体时代开启交往和认同的秘匙。媒体理论学者列夫·曼诺维奇(Lev Manovich)曾精彩地总结："'数

5. 美颜SDK技术是指美颜算法、图像处理技术和开发接口等技术元素组合的软件开发工具包，主要包括：用于图像处理的美颜算法，图像增强、图像去噪、图像分割、图像融合等多种技术的图像处理技术；实现美颜功能调用的开发接口。

字媒体'是不存在的,存在的只有应用于媒体(内容)的软件。"[6] 亦即,在应用的层面，软件指挥着内容与其生产流程；只有在技术应用的层面上,数字媒体才能被掌握分析。一个应用的距离，公众都能幻化成闪闪发光的形象。即使用户非常清楚这是模式化、参数化的流水线工程，通过对虚拟肉身的再塑造，打造权力话语认定标准的"完美形象"，通过被识别、被分类、被标签,无限权力的中心指导用户的未来行为和判断。在美颜类软件及直播平台美颜功能的加持下，通过将主体塑造成形象展示的奇观完成了新的主体性生产。在这个提倡"支持单人、多人模式，让自拍、视频、直播、社交更有fun！"的形象塑造工厂里，一键美颜、面部重塑、瘦脸瘦身，以一种"技术赋权"的方式给了人们造梦的权利。美颜技术轻松地完成视觉展示的神话和主体建构工程。为了展示的美颜应用是以辅助个体卷入社交的媒体平台，实现对主体性的展示而存在。

支持流媒体直播成熟的背后除了软件技术的力量,还有大量廉价硬件设备的强力支撑。直播行业对于主播主持硬件设备的要求孵化出了大众接受度高的移动便携wifi设备、美颜支架、电容内置降噪麦克风、补光灯、直播稳定器、专业声卡等硬件产品，这些产品的特点是：选择度高、替代度高、便于携带，价格实惠（图6）。形象的、日常的展示通过这些

6. Manovich, Lev. *Software takes command*.Bloomsbury Academic, 2013.

软、硬件被用户体验、创造、编辑、组合、安置以及分享。企业在编写软件中，通过简单的执行设计影响用户的体验，并引导用户的操作；在硬件的出产中，通过使它们成本降低，提高便携性，使全民皆可轻易获得并使用。从以脚步为测量单位的巴黎拱廊街橱窗到沉浸式的电影院，互联网出现后的电脑屏幕，再到无时无刻以手指滑动的移动端口，"展示"从实体的文化空间迈向全面虚拟现实的混合空间。

图 6 淘宝网站销售的廉价直播美颜支架硬件页面

并非只有民主化的美颜技术，流媒体时代的社交媒体帝国号召作为只有单项选择的社会个体，"民主地"参与媒介技术世界里梦想的运作，资本意识形态藏身于这种新的社交关系。它试图让技术消除日常的、经验的复杂性，社交网络复杂度的提升会将市场碎片化。相反，如果应用流程简单，那么市场可以更好地协调并在其中运作，公众只需要按要求完成媒介运作所给予的自我生产。媒介技术的不断更新，公众才能应接不暇地变成用户并被招安；媒介技术的全面民主化，所有生命的日常才能作为数据和素材被吸纳。今天的媒介技术不仅更加实在，可穿戴、私密、抽象，最重要的是它们以"民主化"的招牌隐身，变成每一位公众身体和日常的一部分，无处可逃。

三、表演性的弹幕

流媒体网络直播不仅仅是主播单向地向受众展示他或她或它的日常，平台的经营规则要求他们与看不见的受众进行互动交流，以赚取更多的虚拟打赏，积累更多的在线观看人数。直播离不开弹幕的互动，就像是一场场协商的议会，也像是必须以集体来完成的创作。弹幕最显著的特征在于其特殊的"时间性"。弹幕主要可以分成两种，一种是"非同步"弹幕，评论严密地贴合于视频时间线，这种弹幕会制造一种错觉——好像所有人同时在观看同一个视频，而所有发言也都同时。（但其实这种同步的现场感是技术所造就）日本学者滨野智史把这种弹幕文化所独有的时间性称为"拟同步性"。另外一种弹幕则多出现在网络流媒体直播平台——实时弹幕，即同时性的评论。

中国的弹幕生态十多年来发展迅速。除去本就主打弹幕的Acfun、Bilibili这类针对ACG（动漫、游戏）产业的视频网站，2012年中国最早的视频共享网站《土豆网》就试验性地导入了弹幕功能。紧接着在2014年，爱奇艺、乐视、腾讯视频、搜狐视频、暴风影音等主流视频网站也开始配备弹幕功能。

"软件结构"原本是软件设计的专业术语,后来被美国学者劳伦斯·莱斯格(Lawrence Lessig)借用,他把此定义为并非通过内面化或强制手段,而是从"物理"层面规制并控制人的行为和思考的一种权力形态。即使通常情况下人们很难意识到它的存在。但是弹幕已经在"物理"层次上规制了视频和电影的接受方式。而这种"物理"层次,正如莱斯格所描述的,是可以由市场等外部力量以用户无法察觉的方式进行变更和扩张的。与日本仅限于niconico动画网站面向内部受众,相对封闭的弹幕环境不同,中国的弹幕在巨额商业资本的推动下,很快突破ACG爱好者的封闭圈,扩展到所有视频视听平台,成为社交媒体视听环境中的一种"基础设施",并很快被大部分阶层接受。

图7 复制扩张型弹幕(一种弹幕的类型)

图8 图像式弹幕(一种弹幕的类型)

弹幕的视觉性基本形式通常有两种类型,

受众可独立完成的长型弹幕、图像式弹幕、符号弹幕，以及受众共同完成的复制扩张型弹幕等形式。（图7、图8）长型弹幕指的是内容上一次成型且具有一定长度的弹幕。如：

真好看。

此类型的弹幕往往用于表达单一的诉求或者情感释放。图像式弹幕则是通过把文字作为构图单位，组成特定的图案创作，通过将文字以缜密的视觉图像形式制造视觉化的效果，表达强烈的情绪。符号弹幕则是通过字符和表情烘托气氛，与其他文字类型弹幕形成对比。而通常情况下，受众共同完成的复制扩张型弹幕则是，由多数受众自发组织发送相同内容形成的重复列队弹幕效果，经常以占据整个屏幕的形式出现，提供了群体参与的强烈视觉性的情感认同。

流媒体直播平台的大部分界面都会平行设置弹幕池和传统的评论栏。这就意味着两个栏目各自承担着不同的功能。受众在评论栏中对待直播的态度倾向于更加综合性、分析性、评价性的言论。弹幕池使受众的交流方式更趋向于"情感展示化"和"表演化",软件结构要求视听者更加关注直播影像的细节,将原本的线性叙事分解。并不能简单将弹幕划归为对官方话语或者直播内容进行的解构"狂欢",依靠弹幕技术实现的反馈关系进一步形成了主播和受众的情感链接,以及用户主体性关系的建立。

严格区分两种情感,一种是经过反思或存在于意识层面的情感,在此称之为感情(emotion),而另一种则是瞬间出现的,在到达意识之前就作为身体反应出现的情感(affect),情感比感情更加瞬时,更加潜在,也更加直接,带着"身体性"含义。弹幕唤起的并不是反思性的分析和交流,而是环绕着用户(主播和受众)身体展演性的感觉和情感氛围营造出的社会关系。关系的组织基于"时刻",它要求用户近乎条件反射的快速反应。这其中发生的不是意义(message)的交换,也不只是分享型倾诉,而是情感(affect)渲染和视觉性征服的互动。

学者张献民对于弹幕解读的文章已相对完整的论述弹幕的发展流变,他提出:"弹幕提供了两个可能性:一个是强迫创作者大量阅读观看者的看法;第二则是观看者可以选择干净版本或已经大量添加了弹幕的'拥挤'版本,这样受众有可能排除创作者话语权力的唯一性,同时它也破除了版权体系。"[7] 我想强

7. 张献民:《弹幕否定读图时代》,《凤凰都市》,2016年第4期,第23—24页。

调的，正是弹幕它不只是一个被动的单面体。即使在刘慈欣笔下歌者文明投射了二向箔，地球在只剩下二维的屏幕上，"一般人"仍然在进行的一场持续的，围绕权力的弱反制实践。弹幕是米歇尔·德塞都（Michel de Certeau）所称的弱者的伎俩，是作为一种展演性的对策（tactic），根据不同的意义和功能，不断在改变不同屏幕涂鸦的内容、类型、话语风格和情感导向。弹幕需要微观的发现（直播内容的纰漏和高潮），在此每个弹幕使用者都是侦探福尔摩斯，都是艺术家杜尚，日常中的细枝末节都变成可以重新发现及发明的可期现实。

弹幕也和集体有关，同一时刻的文字集结起来，它是爆炸性的释放，也是视觉器官的胜利。弹幕模糊了文字和图像的界限，可以不断被重组、编织、颠覆、扩充，且生命力顽强。弹幕作为对策，施加了积极的政治权利。受众既是接收者也是传播者，齐聚在同一个屏幕中，任意在时间线上添加自己的评论，不仅是对直播事件与主播的评论，还有关于评论的评论。它不仅起到了为受众展示意见的作用（通过弹幕的功能"表演性"编辑、放大意见),它还是一种带有扩展情感性质的共同技术。弹幕所做的就是使其接收和传播成为一种关系，使主体和对象不仅限于单向的不对称流动关系。弹幕可以让访问的接收者自定义语言，来对抗权威的发送者；可以选择保持沉默或者进一步发送自定义语言或者视觉文字。弹幕是一种集体智慧（collective intelligence）的展示与表演，凭借这种混沌投射般的视觉情境，用以毒攻毒的方式去对抗被奇观化的日常展示。

公共空间和私人空间，自我与社会之间的界限以及这种界限的多孔性来自弹幕对于语言逻辑性的亵渎，或者说一种充满粗俗的"降格"。弹幕以草根化、碎片化的文字内容打破深刻和完整的信息，并且作为一种"共同的技术"掌握在任何可以打字的受众手里。于是公众可以看到字幕在以日常的汽车、公园、博物馆和睡房为背景的直播中游走和复现。就像美国社会学者霍华德·莱茵格德（Howard Rheingold）所演绎的smart mob（聪明行动族）一样，弹幕就是文字版本的聪明行动族，以文字代替身体，潜移默化地塑造受众的主体性，塑造受众感知世界和行动的方式。不同的"身体"展演共同激活了屏幕和现场，成为某种具体化的政治实践。

弹幕"总是在移动，不在这儿或那儿，不为永久的财产所有权所限制，相反持续地向其他文本进军，挪用新的材料，制造新的意义。"[8] 这些游击战士（粉丝和受众）也正是以这种方式运动着、政治着。弹幕作为受众身份的幽灵不同于雅克·朗西埃（Jacques Rancière）所提到的传统媒体时代的观看者。"成为观看者意味着消极被动。观众被从认知

[8]. Jenkins H. Textual poachers: *Television fans and participatory culture*. Routledge, 2012, P.340.

能力中分离出去,并以同样的方式,被从行动的可能性中分离出去。"[9]弹幕使得观看这个动作被"重新激活"动词化,它并不像人工智能siri可以判断或猜测应答的结果。它展演的是惊奇的擒拿而不是完美的筹划。德塞都以"假发"[10](la perruque)作为日常生活实践中"抵制"(resistance)的战术典范:凭借这种抵制战术,他们可以避免被既定机制的权力彻底压制。我们可以看到在网络平台通过集体弹幕戏仿"春晚"保持多年的贺电模式等等,主导文化被硬生生地完成仪式上的具体化抵抗。还有诸如"空耳"[11]"弹幕护体"[12]"剧透弹幕"[13]等干扰(jamming)[14]主流意识形态的技巧伪装。德塞都虽然对弱势者的抵抗策略过于乐观,但是他提醒我们离开抽象的理论性文本,俯身重视日常细微的具体实践。网络流媒体直播当中弹幕幽灵们奇观化的展演协作也许可以激活哈特和奈格里所描述的共同行动中的奇异性(singularity),至少值得我们进一步想象。用户(受众)应该记住的是,流媒体社会迷惑我们将弹幕视为"应用",然而,弹幕其实是一种技术,不是技术的应用。它展现了一种关于自我表演和集体表演的技术,没有清晰边界的主客体关系,破坏叙事的界限,将自己作为一种艺术的创造来实现自己的方法,以及浪漫的共同体理想。

---

9. Kyndrup M. *Jacques Rancière: The Emancipated Spectator*. Verso, 2011.

10. "假发"就是指一些雇员装作是在为雇主干活,但实际上是在给自己工作。"假发"现象不是指小偷,因为工作的原材料的物质性价值并没有被偷走。它也有别于旷工,因为这个雇员事实上仍然在工作现场干活。"假发"现象形形色色,简单的可以——如某位秘书在"上班时间"炒股;又可以发展为某个摄影师"借用"摄影工作室给自己拍照。

11. 网络用语中指根据所听到原歌曲或原台词的发音,生造出与之发音相近,但意思不同的另外话语,是一种对声音的再诠释。

12. 网络用语中指用弹幕大面积刷屏以遮挡视频内容中令人不快、紧张的场景和情节(多见于恐怖电影、恐怖游戏等),产生与原视频内容截然相反的喜剧效果。

13. 网络用语中指提前通过弹幕方式告知视频内容的结尾或者剧情走向,破坏原故事线的悬疑效果,多出现在侦探、悬疑故事剧。

14. Mark Dery 在《文化干扰:在符号帝国中的黑客攻击、削减和狙击》(*Culture Jamming: Hacking, Slashing and Sniping in the Empire of Signs*)中,记录了草根阶层用种种新兴战术("媒体黑客、信息战、恐怖-艺术、符号学的游击战")反抗一种"更具侵入性和工具性的技术文化,其操作方式是通过操控符号来制造一致的意见"。

四、围观的力量：情感共同体

网络流行语作为现代汉语的其中一种社会变异，如今已经不只是流行于网络社区，而是被广泛运用于我们的日常交流中。"围观"常被理解为贬义词，等同于鲁迅先生《药》当中冷漠的看客们。围观是公众集体心理的体现。传统媒体时代及过往，新闻报道中时常在描述街坊邻里间的日常事件时写到"围观群众……"。如今围观的事件不再局限于主流意识中的大事件——战争、庆典等，很多时候还指向公众之间的日常口舌之争，或是意外的事、丢脸的事、感人的事。"围"一词也表达出受众往往是主动寻求目睹事件的整个过程。社交媒体中出现的"围观"针对的是发生在网络上引起公众关注的特定事件、情节，公众以发帖、发弹幕等形式进行回应。有时网络的围观也会促成有关现象、问题得以曝光、解决，但受众的围观并不一定是为了达到解决的目的，解决问题可能只是围观的意外结果。

互联网发展初期，传统媒体对公众的日常生活依然存在重要的影响，作为发表个人意见和看法的网络平台还并没有被所有公众熟悉，但各类以特定社群为基础的网络聊天室、BBS论坛和贴吧应运而生。当时网络流行语也仅停留在小部分网民的使用和传播中。在其网络用户中有很多"潜水者"，他们仅仅浏览所需信息，不回复，不情绪化地发表自己观点。潜水心理的产生通常有两个原因：1.安全心理，担心受到骚扰，对他者的想法和意见兴趣不大，等距获得安全感。2.从众心理，害怕表达自己的意见，获得与多数群体的同步。直到自媒体的产生，网络流行语才真正意义上让公众们认识和普及了，"潜水者"一跃而上变成"围观者"，匿名或实名地分享、参与到社会和政治的指点江山中。围观心理的产生又通常因为：1.进行社会比较与自我确认获得自身的满足心理。2.将现实事件等同于八卦的原始好奇心理。3.关注等同于表达的安慰心理。围观在一定层面上促成了社会公共参与度，更多的分享、转发和点赞实现了公众对以网络为界面的情感表达。流媒体技术又再次助推了全民展演化的倾向，围观者晋升主播或虚拟参与者，主动展演网络中的社会主体拟像，而非呈现现实中的肉身个体。技术彻底主宰生活，成为理解日常的切入点，媒体技术发展所提供的高度包容性、日常功能化及美颜民主化特征都促使各个应用平台出现许多愿意用Vlog、Plog、弹幕、留言、打赏、线上求助的方式表达情绪的公众。流媒体直播中，无数非肉身可以同时围观数个日常现场，移动端促成了信息的传播和接受不受时间、空间限制，自由的交流机制使得公众得以分身。"围而观之"的数量累积到一定程度后甚至会自动塑造"热门化"的头条和头部主播,形成权力话语的中心,也正是点赞、转发、评论形成的数据将"围观"的情感在场推向了具有行动力的一面。

除了仅为满足自己的窥视欲,选择围观而不互动的受众之外,还有一类更投入的围观者,即主播们的"粉丝"(来自英文fans音译,指的是对文化、明星或某种潮流表示出超乎寻常的喜爱或狂热的公众群体)。这些因各自的爱好与追求聚集起各领域的群体,通过社群的机制建立起情感认同和民主想象。

图9 斗鱼直播平台受众、粉丝打赏主播的排行榜

图10 斗鱼直播平台如若有受众、粉丝打赏主播"火箭",便会在各个直播间上方出现"快来围观吧"滚屏

当代的媒体社会粉丝群体比主播及明星个人握有更大的权力的空间,自不用说资本累积造成这种机制的背后意涵。其中网络直播为用户(而不仅是主播)提供了创造社会认同和身份想象的空间,不仅仅是粉丝自己,还有粉丝与粉丝之间的联结关系。这里是一个粉丝消解权威的世界,他们并不满足于观看、献花、打赏,更希望通过"围"和"助"的力量成为

主播、明星背后的推手。（图9）粉丝与明星（主播）的关系在自媒体产生后发生了质的变化，粉丝不仅仅是明星（主播）的凝视、追随者，他们更是明星（主播）的制作者、促成者和建构者。明星（主播）的名气、机遇、发展前景，不再只是明星（主播）和经纪公司（平台）的工作，也可以由粉丝的力量主导和主宰。粉丝们凭借自己的能力、要求和欲望，将自己喜爱的对象打造成娱乐圈的超级巨星或者直播平台的头部主播。（图10）在这一过程中，粉丝们收获的不仅是与明星（主播）的双向互动，他们更从中获得情感认同，重塑社会身份，也完成对自我欲望主体的再想象。值得关注的是，传统媒体时代的明星和流媒体时期制造的网红、头部主播又有很大差异。和网红、头部主播相比，明星是通过电视、电影杂志等传播手段为公众所熟悉，凭借漂亮的外形和专业技能收获粉丝的崇拜，拥有稳固的粉丝群体，影响力持久。网红、头部主播则是涉及各个不同阶层，通过个人才艺以流媒体平台成名，表面上有一定粉丝爱的供养，但一旦违背人设，粉丝便很容易将之抛弃。

流媒体技术构建下的展演性社会中，社会阶层和政治倾向都被隐去，用户通过（网络）形象发送内容，并以此去判定、归类、确认彼此情感关系，寻找自身主体性的安置。虚拟礼物作为一种符号象征的商品，呈现社会交往的新形式。埃里克·穆里斯（Mullis EC）曾指出"作为特殊的社会仪式，礼物交换存在道德、政治、经济、美学等多重分析面向，其通过创造'义务约束'具化了一种社会层级，以此建构、维持以及表现一定的交往关系，"[15]通过礼物的赠予过程，主体在互动中确认情感联系。平台中往往获得大量礼物打赏的是明星或头部主播，受众（围观者及粉丝）通过打赏引起主播关注，主播通过表演、展示技能、互动即时回答受众提出的私人问题的方式等价回应。礼物打赏形成主播与受众之间默契的资本化社会交往，受众特定的欲望主体在礼物所释放的"土豪、友善"视觉化图像中蔓延形塑。

　　网络流媒体直播平台中既有明星，也有网红、头部主播，但还有一类则是泛娱乐直播模块里，追随人数不及网红、头部主播，但仍有一定粉丝基数的自由类网络主播。受众以"围观"的心态聚集在各自感兴趣的日常窗口，诉求陪伴和分享，以平等的"队友""朋友"之称建立社交关系。他们构建出一个以所关心的事物、爱好所聚集而成的团体。与明星或网红粉丝强大的偶像情结相异，受众在主播亲切的日常直播中更能找到自己社会身份的情感投射（Affect Projection）。西格蒙德·弗洛伊德（Sigmund Freud）指出狭义的心理投射即个人将情感上的不悦和心理上的动机投射在另一个客体，而广义的心理投射则是指个人积极的

15. Mullis E C. *Toward a Confucian ethic of the gift*. Dao, 2008,P.175-P.194.

情感和心理动机。受众在网络流媒体直播间通过弹幕的方式找寻拥有共同爱好和想法的其他受众。围观中的"围"也正是来源于情感投射的临时性群体的聚集过程。当某一种针对主播的情感诉求累积到一定程度时,受众们自发组织的展演性弹幕现场就会上演。受众将自由类主播感性个体的形象当成(自我与他者)日常镜像欲望形象的延伸,主播则以直播中自己所创造的"日常"形象展示形成自我欲望化的主体,从而完成自我的情感认同和主体化重构。流媒体直播平台为个体提供了自由发表意见的广场,他们可以根据个人喜好进入不同主播的直播间,与相同观点和爱好的主播以及其他受众通过弹幕的方式进行互动。受众和主播在参与的过程中共同完成了自我主体的客体化,主体意识的想象和自我价值的建构。在此,受众与主播既是自我的主体想象也是彼此的欲望对象和中介。

许多学者敏锐地觉察到,网络制造出"共鸣室"[16]已是常识。社交作为一种神奇黏合剂出现,要么很快地变为社会运动的易爆品,要么顺其自然地滑入资本同谋,网络流媒体直播呈现的是日常生活的资本奇观,是成就艺术家安迪·沃霍(Andy Warhol)的15分钟全民造星秀场。然而不能忽略的是,它也呈现一种情感化的集体能量,日常直播中发送弹幕的围观者也展示着一种不同的现实世界视角,每一个日常

16. 共鸣室(Echo chamber)指的是在相对封闭的环境中,部分意见相近的声音会不断重复甚至扭曲事实,令处于相对封闭环境中的大多数人认为这些被扭曲的内容就是事实本身。社交媒体通过过滤算法,强化了人群的分化。

的小问题皆可以自成领域，围观的弹幕池可以成为含混意义上的政治议事广场。曼纽尔·卡斯特尔（Manuel Castells）寄希望于规划性认同，认为："认同是行动者自身的意义来源,它包括了自我建构(self-construction)和个体化的过程。认同之所以能成为认同,一定是社会行动者自身内化认同的结果,并能够围绕着认同内化的过程来建构意义、分享认识。"[17] 认同的力量提供了审视网络社会的新视角，网红主播的成名、受众形成的弹幕奇观背后都需要来自不同程度的围观者的社群力量（community power），麦克风和围观弹幕里被视觉化的尴尬、焦躁、愉悦和畅快的情感集体也透露出一种穿透资本异化的神秘力量。

五、铸"形"的人工配件

图11 《绝地求生》网络游戏头号主播橙子获得背后印有"橙"字的专属皮肤

《绝地求生》作为2018—2019年最受欢迎的网络电竞游戏之一，在国内拥有庞大的玩家群体，2018年11月，PUBG（绝地求生公司）

17. 曼纽尔·卡斯特（Manuel Castells):《认同的力量》，曹荣湘译，北京：社会科学文献出版社，2006年，第54页。

官方携手各大网络流媒体直播平台举行了"绝地求生头号直播间"赛事，争夺"头号主播"的称号。最终，XDD、星魂、mansoN和橙子四名主播脱颖而出，成功摘得"头号主播"的冠军。作为对冠军的嘉奖，PUBG为他们定制专属的游戏"皮肤"（图11）。这是首批国内电竞直播主播的定制皮肤，枪械皮肤是4.99美元，套装则是14.99美元，在主播皮肤的版本更新后限时上架开售。日活跃用户一度超过5000万，席卷各个年龄段游戏群体的全民手游《王者荣耀》中，除了技术以外，最能彰显玩家"身份"的也莫过于各种各样的皮肤。其中一定数量的限定稀有"皮肤"更会引来玩家们的羡慕。在《王者荣耀》中，"皮肤"分为不同等级，从最初的"原画皮肤""勇者皮肤"到"史诗级皮肤""传说皮肤"和偶尔才有的"限定皮肤""内测专属"。"皮肤"可以增加生命值、攻击力，"皮肤"特效成为玩家等级形象的主要判断点。"限定皮肤"在游戏中非常抢手，比如《王者荣耀》一周年的"限定冰封战神"，因为长时间没有返场，稀有度很高。"鲁班七号（电玩小子）""项羽（苍穹之光）""阿珂（暗夜猫娘）"都是《王者荣耀》最赚钱的"皮肤"。其中一款游戏"皮肤"竟然可以日售1.5亿人民币[18]。同为网络游戏常胜军的《Dota2》，也被戏称为"饰品2"。游戏的饰品系统非常丰富，还可以自

18. 2017年3月7日，《王者荣耀》为游戏内英雄赵云出了一款名为"引擎之心"的皮肤，售价888点券（1元＝10点券），皮肤限时售卖。皮肤是由研发《王者荣耀》的天美工作室和宝马公司联手推出的机甲风格皮肤，在英雄回城时脚下带有BMW标志（标志会旋转，2017年5月中旬版本更新将回城特效删除），也因此被玩家称为"宝马皮肤"。

由搭配及买卖。为了保持游戏的平衡性，不管是粒子特效的"皮肤"还是裸装英雄的饰品，在这个游戏里并不会对技能产生影响，数千块的"龙勾（武器）"并不会让"屠夫（游戏角色）"技能提升，"拉比克（角色）"的绝版金披风也不会让角色多一丝一毫的技能属性，因此《Dota2》的赛事不会像《王者荣耀》的竞技赛对饰品做限制，反而在竞技场中自动给玩家掉落饰品。重要的是输出"炫酷"的身份展示，展示逻辑压倒性地消解了叙事的在场。

展示逻辑的助攻除了身份认同还有情感投射，IP形象[19]开发迎合互联网+经济的调整和应对，日本熊本熊形象两年内为日本小镇带来76.3亿日元营收，而中国原创故宫IP一年能卖出10亿人民币。《罗辑思维》创始人之一吴声在他的著作《超级IP/互联网新物种方法论》里写道："在新的应用场景下，消费者不再愿意仅仅为了物品本身的使用价值买单，反而更关注商品带来的情感溢价。"[20]企业单靠品牌或某种业态并不能长期保持消费者的注意力。IP提供的正是用其背后的故事性，所营造的展示性形象和情境去唤起消费者的情感体验，达成情感上的共鸣。而这也成为消费者再次消费的重要因素，符合马斯诺需求理论[21]的发展趋势。2019年春，戚薇（明星）带着"小猪佩奇"的手表录制的视

19. IP传统意义上是指"知识产权/知识财产"（Intellectual Property）。这里所提的IP则指具有一定影响力和品牌形象等的知识产权，通过IP授权或贩卖可以带来巨大的市场盈利（如产品贴标/出版/发售/改编等版权买卖），IP商业化可以传递品牌价值，也可多维度开发IP衍生品。

20. 吴声：《超级IP 互联网新物种方法论》，北京：中信出版社，2016年。

21. 1943年，美国心理学家亚伯拉罕—马斯洛（Abraham H. Maslow）在《人类激励理论》中提出。理论将人类需求从低到高以阶梯式层次分为五种需求，分别是：生理需求、安全需求、社交需求、尊重需求和自我实现需求。

频有2万多次转发；李晨（明星）用"小猪佩奇"的创可贴；赵丽颖（明星）用"小猪佩奇"的发卡、Angelababy（明星）穿"小猪佩奇"t恤。"啥是佩奇"的广告宣传片让"小猪佩奇"的电影票房达到8000万人民币，然而豆瓣平台上其相关动画电影评分却只有4.5分。从虚拟皮肤到IP形象，生产内容不再重要，重要的是媒体对该形象的宣传和展示，以及消费者能轻易买到相关手表、包包、创可贴等衍生品的产业链。

迪士尼公司创造的米老鼠和唐老鸭等卡通人物作为现代史最早的IP形象，在迪士尼乐园中可以转变成大型实体人偶与入园的游客们握手、合影。游客们主动地和这些形象产生情感联系，迪士尼动画片当中的内容对置身乐园的游客并不重要，让人痴迷的是迪士尼呈现的形象展示及形象空间，它们都可以用实体的方式和肉体进行亲密接触。虚拟的动画形象不用到场，以形象为符号的玩具配件、衍生品在场并包围着、酝酿着人们的情感认同。形象的展示消解了现实与想象的边界，唤起投射式体验的满足感及真实感。

戈夫曼在《框架分析：关于经验组织的一篇文章》[22]中提出了框架概念，他系统性地阐述了人们如何运用自己的期望理解日常和其他人，框架即是预存在脑中的一定的知识体系，人们又根据框架来建构对事物和关系的认识。

22. Goffman E. *Frame analysis: An essay on the organization of experience.* Harvard University Press, 1974.

美国社会学家托德·吉特林（Todd Gitlin）将框架的概念运用到公众媒体和政治传播的研究。在《新左派运动的媒介镜像》书中，他认为："媒介框架是认知、解释和表达的连贯模式，是筛选、强调和排除新闻报道的过程，同时也是事件操纵者组织言论的过程，不管这种言论是动态的还是视觉的。"[23] 研究中肯地探讨了意识形态霸权如何影响媒体建构权力的形象、公众的形象。他以高度发达的美国传播行业为切片给我们指出正是这些媒体形象建构了现实中人们的身份认同。在美国大众文化理论学者约翰·费斯克（John Fiske）的理解中："形象一般是指为了吸引公众而非复制现实，人为创造的某种人工制品或公共形象，它意味着其中具有一定程度的虚妄，以至现实难同其形象相符。在这个意义上，我们讨论的是某个消费品的形象，或是某位政治人物的形象。"[24] 当下的社会热点问题依然可以套用费斯克的理论解读，日常更甚，由人工的、极具迷惑性的媒介形象及相关的形象配件展示所建构，媒介形象取代了公众对世界的感知。它根据社会现实加工，以媒介当中呈现的行为、性格、表现特征等组成，另外，受众的印象和评价呈现着形象投射与接受的互动关系，形象是主客体的互动凝聚物。网络流媒体直播间里的主播和受众通过各自虚拟角色的建立形成具有进程性的形象，两者互为生产者和接受者。形

23. 托德·吉特林（Todd Gitlin）：《新左派运动的媒介镜像》，张锐译，北京：华夏出版社，2007年，第13页。
24. 约翰·菲斯克（John Fiske）：《关键概念：传播与文化研究辞典》，李彬译，北京：新华出版社，2004年，第132页。

象在接受外部评价体系的同时，也产生了自我评价的内聚式结构。

图 12 "花椒"直播平台上的打赏礼物符号

网络流媒体直播平台通过标签及界面的布局分类设计，创造了一套指向身份认同的形象资本。受众对于主播的礼物打赏不仅仅是作为资本的符号化而存在，也塑造着主播和受众的形象和社会角色，诸如兰博基尼、壁咚、爱心等等指向性的打赏礼物形象。（图12）过去中产或者精英阶级才"垄断"和理解的复杂知识操作系统被简约和直白的动画形象界面设计替代。网络直播间的页面除了按照直播内容划分各大板块，每个情境模块的界面功能设计上则是标签（tag）和神奇关键字的组合，这可以让受众快速点选直播间。而这些标签往往是其他粉丝或者受众对此主播留下的评价。比如："美女""野食兄弟""女神经"等。给他人留下某种印象所做出的活动即为表演，表演的目的即表达某种意味。主播的形象和声音在屏幕当中"在场"，受众通过头像、用户名、刷弹幕及打赏的配件形式"在场"并塑造自己的网络虚拟形象。直播平台允许主播在不同直播房间以不同的形象出现，受众也可以因为喜欢不同的直播内容和主播形象穿梭于各异的直播空间，并以非影像的形象展示在各主播屏幕前（有些受众只是纯粹打发时间的闲逛，有些受众则专一地情定自己的专属主播）。在流媒体直播的世界里，主播或者受众主动去塑造和展示多重的在线形象，于是界面中会出现某些主播同时涵盖反义的标签比如"清纯——性感""逗比——才华横溢"等。分类的模块和简明扼要的标签意味着直播内容更有可能被受众阅读，更快速地被受众识别，换言之，意味着个人单位时间内可消费的内容更多。柏拉图洞穴寓言当中的影子在直播当中通过声音、人像滤镜、打赏动画、私人空间背景等配件的加持将被动的梦境般影像体验转变成主动的"现实"肉身感的视觉体验，形象的展示得以化约为真实的情感关系。

六、理想的自我表演

从我觉得正在被人家通过镜头看的那一刻起，就什么都变了：我"摆起姿势"来，我在瞬间把自己弄成了另一个人，我提前使自己变成了影像。人像摄影是个比武场。四种想象出来的事物在那里交汇，在那里冲突，在那里变形。面对镜头，我同时是：我自以为我是的那个人，我希望人家以为我是的那个人，摄影师以为我是的那个人，摄影师要用以展示其艺术才能的那个人。换言之，那动作是奇怪的，我在不停地模仿自己。[25]

25. 罗兰·巴特（Roland Barthes）：《明室》，赵克非译，北京：文化艺术出版社，2003年，第19页。

《日常生活中的自我呈现》[26]将人们之间的互动行为视为表演,而社会生活分为舞台的前台和后台。前台是进行表演的场所,通过维持和体现的标准形象,是戈夫曼所说的,"个体表演中以一般的和固定的方式有规律地为观察者定义情境的那一部分",是"个人在表演期间有意无意使用的、标准的表达性装备";后台则是准备状态下,个人真实身份隐藏的场所,是"那些被竭力抑制""可能有损于它所要造成的印象的那些行动。"[27]虽然戈夫曼大量使用的是西方世界代表性的个案材料,在他的理论中显现的是被社会化的人物类型,悲观地宣判了主体的消亡,但他的研究依然在我们观照流媒体社会的日常直播中,可以从代表性资料的择取中思考形象展示的结构性基础。网络流媒体直播的前台,有主播们为了精心设计的个人形象而卖力地展示才艺,还有主播打造的与形象相符合的直播间情境修饰。比如女性主播通常说话语气柔软,小动作如眨眼、转头会倾向慢速,微笑则会保持适度的嘴型和角度。她们聊天的话题也尽量彰显女性温柔的特质,并使用粉色窗帘背景或者布置可爱的玩偶等,通过这些"促进因素"去塑造特定形象,正是戈夫曼所说的前台表演。主播通过这种表演完成理想化自我的展示。形象管理的策略里除了有理想化,还有误解、神秘

26. 欧文·戈夫曼(Erving Goffman):《日常生活中的自我呈现》,黄爱华、冯钢译,杭州:浙江人民出版社,1989年。
27. 欧文·戈夫曼(Erving Goffman):《日常生活中的自我呈现》,冯钢译,北京:北京大学出版社,2016年,第19—97页。

化和补救。流媒体直播空间里,大部分主播都在呈现理想化的表演,即使是真实的(游戏、才艺等)技能和性格展示,也会有意地放大其特征,将其展示。直播中还常见误解表演类型,通常是为了达到理想化表演而实施的策略,比如轰动一时的"LOL"女主播阿怡代打事件[28],也是因为主播阿怡试图塑造一个美女游戏竞技专家的理想型形象。

在网络流媒体直播中,受众和主播可以随时扮演不同的角色,也可以理解为一种基于用户建构的过程叙事。用户可以在平台根据自己的喜好选择命名,主播选择自己拿手的内容生产和受众建立互动,受众则是根据自己的情感诉求,用行为言语选择回应。这恰恰和网络游戏中的叙事相似。事件的开始由主播/玩家来主导,但在交流过程中主播/玩家会因为受众/其他玩家的回馈即时修改自己的表演,甚至事件结束的时间也会因为受众/其他玩家的回应而受到影响,叙事的结构并不固定。它们颠覆了传统媒体生产结构中单向的传与受,信息生产是依靠主播和受众/玩家和其他玩家共同完成,其中的个体通过表演行为实现"自我展示",受众与受众、玩家与其他玩家之间的互动构成一个群体,并且通过双方的信息反馈影响叙事的导向和结果。网络游戏与流媒体直播虽然互动类型相似,但是也有区别。网络游戏本身设置了

28. Boos游戏解说:《LOL阿怡终究还是凉了,代打门事件被曝光后,百万粉丝如同虚设》,http://baijiahao.baidu.com/s?id=1602322141774811772&wfr=spider&for=pc,2018年。

"原型角色",所有用户的内容生产都基于这个原型角色之上实现玩家的自我展示,是嵌入式的角色命令。游戏意义也在于玩家目的性的游戏选择行为和执行过程,游戏当中往往多使用第一人称或第三人称视角,音频与文本的辅助给玩家带来沉浸式的虚拟现实体验,但玩家在网络游戏中的状态依然是"凝视"。而稍显细微却又明显不同的是,网络流媒体直播中,主播是在印象管理的基础上进行自我参与。情绪的冲突和递增会促使产生不同的情感"回应",而不是"执行"。

英国学者尼克·艾博柯龙比(Nick Abercrombie)和布莱恩·朗赫斯特(Brian Longhurst)在《受众——表演与想象的社会学理论》一书中提出"景观/表演范式"[29](Spectacle/Performance Paradigm),即受众表演与身份认同勾连的第三个时期。而第一个时期是行为范式(Behavioral Paradigm),[30] 第二个时期以斯图亚特·霍尔和戴维·莫利研究为取向,被他们称为纳编/抵抗范式(Incorporation/Resistance Paradigm)。[31] 随着媒介受众的构成更为主动,媒介的技术发展变得多元,景观/表演范式着重体现个体通过主动的媒介行为带来自我身份认同,其中"扩散的受众"(Diffused Audience),则由于媒介景观与自恋建构的自我形象相互增强塑造。在网络流媒体直播生成的情感关系当中,受众和主播同为观看者和表

29. Abercrombie, N., & Longhurst, B. *Audiences: A sociological theory of performance and imagination.* London: Sage:1998.
30. 行为范式指的是将受众视为接受媒介信息的个体,重视宣传、影像与功能的研究。
31. 纳编/抵抗范式体现对权利不平等分配的关切,认为意义由初文本与受众协商形成。

演者，通过媒介进行表演生产，在自我观照中建构身份认同。网络主播让受众根据表演体会生产情感内容，期许建立有受众粘性的特定形象，同时因为受众的评论而即时修改调整自我表演。人们真实、复杂的一面被缩小，完美、精致个性的一面被放大。在直播过程中，人们满足了自己被重视、认可、崇拜的需要，渐渐对自己产生欲望主体的形象设定，迷恋上精心设计和展示的理想自我形象。主播在技术媒介渗入日常的当下，沉浸在自我的展示当中。"景观spectacle"一词暗含"看/被看"、"凝视/展示"的含义，正如关注水中自我影像的那尔喀索斯，对应景观/表演范式中对"自恋"（Narcissism）的描述："以自我为中心，人们表现出无时无刻不在被人观看的状态，假装在真实或想象的受众面前处在注意力的中心位置。"[32]数不清的"那尔喀索斯牌"技术应用一个个诞生，在直播中，并不是只有颜值姣好的明星才能变成"被渴望的形象"，平台向所有人提供了这面投射性的镜子，主播和受众同时作为观看者和表演者，不仅为对方表演，也为自己表演。在网络流媒体的主播们眼中，屏幕当中的自己是"完美、完整"的形象，充满了那尔喀索斯般的自怜自恋，通过受众的回应建构欲望主体和社会认同，受众又通过主播的形象展开情感投射，想象性地建构欲望

32. Abercrombie, N., & Longhurst, B. *Audiences: A sociological theory of performance and imagination*. London: Sage. 1998, P.88.

主体。"完美"不代表技能及形象上的完整无缺,而是在网络流媒体直播屏幕滤镜,以及被围观氛围等神奇魔法营造下,自我指认的完美。直播间内主播的妆容、衣着、所在的日常场所、受众的弹幕回馈、理想型自我的媒介技术应用都共同塑造着主播的形象内涵,形象又以影像符号的形式使受众走进主播构建的自恋/形象的世界。在受众眼中,主播是理想中自我的投射,是理想的密友、伴侣的形象;通过主播塑造的形象,受众体察主播之日常,既生发个人的情感体验和认同,又强化主播形象特征的自我想象。

第二节 从观看到参与：
情感体验的需求转向

图 13 Google 谷歌街道网站中展示的美国洛杉矶街景截图

从谷歌地图（Google Map），到谷歌地球（Google Earth），再到谷歌街道（Google Street）（图 13），谷歌公司创造的强大展示技术更新定义着"场景"制造机的概念。公众可以惬意地在家欣赏埃及金字塔前的朝阳，看到法国香榭丽舍大道 LV 奢侈店门前停留的鸽子，或者与巴西帕拉 BR-422 公路上某一位骑电动车的陌生人相遇。不同于网络流媒体直播平台所提供的动态感官体验，它精确、冷静地将日常场景转换成关于真实的信息，随时带着公众去辨认、处理。前文提到的《即将到来的场景时代——大数据、移动设备、社交媒体、传感器、定位系统如何改变商业和生活》所提出的五大技术力量建构了一个未来真实可感的场景时空。吴声还曾强调塑造场景化的核心要素是体验、链接、社群和数据。[33] 虽然他提出了体验对于未来场景社会的重要性，信息的

33. 吴声：《场景革命》，北京：机械工业出版社，2015年，第68页。

适配与社群制造的认同感也固然重要，但忽略了不仅仅媒体技术在迭代更新，在切换交互的场景空间中，人们的需求也在不断嬗变，从被动变成主动的情感性索取。流媒体直播平台提供的正是从视觉体验需求到情感体验的需求转向，从"观看"场景，到"参与""互动"的情境转换。公众不仅仅只是满足于被安置在观看的位置。比如，早先预制的游戏教学直播中，主播教学观众观看，在后期直播技术升级，观众能和游戏主播亲密互动后，这类流媒体类别能更加稳定持续地吸引更多直播受众。这印证了亚伯拉罕·马斯洛（Abraham H. Maslow）提出的需求层次理论，在受众轻易切换不同场景满足社交体验的一般需要后，索要的是更加柔软、反身性、实时的、3D化的情感交互体验，而这情感属性在流媒体直播的平台中可以被轻易享用。这来源于直播中主播在屏幕前积极塑造的展示性情感形象，以及受众通过理性的打赏机制和感性的弹幕、评论主动参与构建主播形象与自我形象的丰满过程。

一、心灵投射场

让我们暂离直播现场，来到当代艺术的疆域里，看看列斐伏尔所期盼的艺术在当下的模样。美国艺术家杰夫·昆斯（Jeff Coons）的不锈钢反光气球狗雕塑、费洛伦泰因·霍夫曼（Florentijn Hofman）的大黄鸭，草间弥生（Yayoi Kusama）的无限镜屋，抑或是兰登国际（Random International）创作，平均排队8小时的"雨屋"艺术作品，都成为社交媒体小红书、Instagram APP等应用标签为"网红自拍必打卡"之景。这些展示的奇观哪怕是业余的艺术爱好者也依然会感觉切近。不了解艺术家或艺术家试图阐述的作品用意并不重要，重要的是，这些艺术家创造的令人身临其境的巨体奇观已妥善地保存于人们的手机相册并由他们的社交媒体所展示。法国学者贝尔纳·斯蒂格勒（Bernard Stiegler）不禁感叹：

创意经济模式实际上提出了一种方法，通过将市场营销和艺术创作结合起来，生产出一种社会"伟哥"，来复苏消费者日益减弱的欲望。公众媒体被拿来营销，致力于捕捉和利用注意力，从而导致（并且基于）破坏性的消费主义。换句话说，倾听、观看、感受和体验就是触发或释放一个过程，使有感觉的人、能倾听的人、可以观看的人或多或少地被他/她的感受所感动。[34]

这些艺术创作轻松地将对乏味、稳定的日常关注反转成公众对惊奇的、重要的瞬间欲望。关于占地150平方米为美术馆量身定制的"雨屋"作品，不仅仅塑造了一种可能的行为环境

34. 贝尔纳·斯蒂格勒，《去无产阶级化的时代：后消费文化主义中的艺术与艺术训练》，陈荣刚译:https://www.douban.com/note/683627776/，2016年。

原型（按照艺术家的意图），还展示了一个受众自身可以塑形的沉浸场景。日常的疲惫生活背后，公众总是致力于寻找能打开自身每一个情感细胞的非日常奇观世界。"在日常生活中，消费的益处并不是作为工作或生产过程的结合来体验的，而是作为奇迹。"正如让·鲍德里亚在《消费社会》[35]里谈到美拉尼西亚的那些土著人如何用藤条和树枝引来心之向往的飞机着陆一样。人们将自己置入巨大体量的奇观展示，期待着"神迹"附体，并成为它的一部分。

图14　2017年，迪士尼乐园新开幕的"潘多拉：阿凡达的世界"主题区还原了詹姆斯·卡梅隆2009年的电影《阿凡达》和当时将上映续集里的奇观空间。该主题公园内容包括悬浮山脉、外星生物、3D全息景象和发光的植物

图15　2016年，"国民老公"王思聪砸1亿造就了一档名为《Hello！女神》的网络流媒体直播节目。熊猫TV相关负责人表示"直播互动"是《Hello！女神》最大的卖点，节目充分利用互联网直播平台结合前沿科技手段让《Hello！女神》有别于传统综艺，增加更多的实时交互，整个女神养成蜕变的历程都能让观众真正地"参与"到其中

35. 让·鲍德里亚（Jean Baudrillard）：《消费社会》，刘成富、全志钢译，南京:南京大学出版社,2000年。

现代史最早也是最成功的奇观展示，便是之前提过的美国迪士尼乐园。童话《匹诺曹》中巨大的鲸鱼守护在乐园入口，通过眨眼和喷水与游客互动。各种实体的卡通形象人偶如灰姑娘、米老鼠等着游客们与之合影互动。迪士尼卡通的内容对到访的游客不再重要，让人痴迷的是它们为公众留下的与自身相关的记忆情感链接。迪士尼式幻想（fantasy）呈现的是实体形象与睡美人城堡体积空间相结合的表演性奇观。（图14）动画内容不用在场，以形象展示为符号的空间、玩具、衍生品在场就可以，可触摸、沉浸式体验的展示空间满足了肉身的高潮。

我们无法每天置身迪士尼乐园感受奇观展示。受众群体也受到限制，更多以参加网红打卡仪式的年轻人和受动画IP影响的青少年为主体。但网络流媒体直播却可以面向更大的受众群体，且形式免费。情境化、实时、双向互动这三个重要的特点共同构建了网络直播与现实的无缝链接（图15）。实时流媒体技术在直播间的应用彻底更迭了社交媒体文字、表情包、10秒短视频的互动方式。任何现实都可以转换成网络直播的情境展示内容，不彩排、不剪辑的"现实"情境模糊了日常的界限。被展示的形象才是现实，也正因为几乎所有的日常都可以被纳入流媒体直播的内容范畴，因此平台用户并不单单只是青年群体,各阶层的参与度相较其他弱连接的社交媒体更高。直播间的情境化并不依靠提供如迪士尼乐园巨资打造的沉浸式体验空间为特征,而以提供由主播及受众两者间或短或长时性的情感互动氛围为核心,组建以群体而非个人开展的空间关系为基础,同时即时性回馈构建了用户的"在场感"体验。"直播传输保证了我们与共享的、正在发生的社会真实相连接的可能性。"[36] 身临其境的混合现实增强了网络主播和受众之间的连接。受众相信自己看到的不再是剪辑编排的表演,而是真实现场。传统媒体时代"被动的、被安置的"受众一去不复返,受众们实时、积极地参与着网络流媒体直播的内容生产。一种新的奇观征兆出现,那就是流媒体直播在主体的肉身之外创造出了比生活更诱人的幻境的能力。

在《动物化的后现代:御宅族如何影响日本社会》[37] 一书中,东浩纪对日本御宅族的分析或可为我们理解部分中国语境下网络流媒体直播的受众提供参考。东浩纪认为,日本的御宅族一代呈现出了哲学家亚历山大·科耶夫(Alexandre Kojève)所言"动物化"的特征。科耶夫认为,人类与动物的差异,关键在于欲望与需求的差异,人类拥有欲望,而动物只有需求。欲望和需求的差别在于,欲望无法被满足。他通过男性对女性的性欲

36. 尼克·库尔德里(Nick Couldry):《媒介仪式:一种批判视角》,崔玺译,北京:中国人民大学出版社,2017年。
37. 东浩纪:《动物化的后现代:御宅族如何影响日本社会》,褚炫初译,台北:台湾大鸿艺术股份有限公司,2012年。

阐释：男性对女性的欲望，并不止于得到对方的身体。男性在得到性欲的满足后，仍希望这个事实被他者渴望，同时对于他者所渴望的对象，自己也有企图得到的欲望，因此欲望会一直存在，正是因为他者的存在。而"动物化"意味着他者的消失，因为动物不需要他者的介入，就可以获得机械化的满足。在此基础上，东浩纪认为，日本社会里的御宅族正处于动物化的过程中，发达的速食和性产业使食欲与性欲可以快速获得。当下的语境中，日常生活中肉身性的性与爱都需要他者的介入，我们也依然会对迪士尼乐园每年扩建的展示奇观趋之若鹜，然而社交媒体所提供的，移动屏幕前简单的操作系统，动动手指就可以进入的情境式体验不需要为此付出太多的劳动，甚至全部行为可以只缩减成单纯的"围观"。相比线下的女性肉身，以及非日常搭建的奇观体验，网络流媒体直播平台上各异的主播形象与熟悉或陌生的日常情境更具亲和力和吸引力，它免费、容易获取、多选择、可随意摒弃且鲜有道德的羁绊。受众对于直播的热爱，并不源自现实生活中休闲资料的匮乏，而在于对公众来说，情欲不需要一个实体化的他者便可以满足，直播平台展示的是千万种虚拟欲望对象的集合体，公众以虚拟分身的形式参与网络流媒体直播创造的混合"现实"中。在高速移动网络的助攻下，受众也不再受限于特定群体和门槛，流媒体直播平台将肉身的他者转换成了提供（免费）情感关系的虚拟化他者。

精神分析学中，"投射（Projection）"一词意指个体在无意识状态下将个体情感和动机投射至其他客体。弗洛伊德认为狭义的投射是抵抗焦虑的心理防御机制，广义的投射则是涉及积极的情感和心理动机。荣格（Carl G.Jung）将投射解释为："一种在他人身上所看到的行为的独特性和行为方式的倾向性，我们自己同样表现出这些独特性和行为方式，但我们却没有意识到……它是把我们自身的某些潜意识的东西不自觉地转移到一个外部物体上去。"[38] 通过情感投射，主体建立起客体与自我统一的相关性，也是个体建构情感、身份认同的有效方式，构成主客体的二元结构。在《形象与影响：电影的社会学研究》[39] 中，安德鲁·图多尔（Andrew Tudor）从社会学视角指出受众和明星的四大关系分为"情感喜好、自我认同、模仿和投射"。其中最为脆弱的关系是"情感喜好"，"自我认同"代表受众同化于明星，"模仿"是最直接的关系，"投射"则是最深层次的积极的关系倾向。借用到网络流媒体直播中呈现的情感关系，直播作为刺激物，进入受众的视觉体验，情感投射作为一种潜意识机制，参与到受众建构的自我理想化过程中。投射机制潜在地激活了受众内心的"期待"心理。安

38. M.LC.G.*His myth in our time.* Von Franz, New York: Putnam, 1975.

39. Tudor A. *Image and influence: Studies in the sociology of film.* Routledge, 2013.

东尼·吉登斯（Anthony Giddens）提醒我们"认同"是人寻求自身本体性安全的产物，审视自己与世界的关系。在黑暗的电影院或者电视剧里，受众的情感认同和投射往往是来自主流的叙事符号发展而出的特定角色，巨型的或方盒般的屏幕都在不断地提醒着受众再现角色（明星）与真实的人的差异。而网络流媒体的泛娱乐直播部分剥离主播作为真实主体的自我，并按照一定的规则将其塑造成为主播本身心之向往的象征性社会的、日常的他者拟像。受众根据自己对应的欲望客体形象，选择与主播建立情感联系，通过"无脚本的、深度参与的真实感"把他者当成主播真实的形象，进行二次想象建构，并将直播空间所展演的日常的、社会的"对象"形象转变为现实的"主体"。受众在主播身上形成自我投射，反映受众对自身和社会角色的期待。流媒体直播中的互动特点也造成"投射"和"期待"不仅仅只是发生在主体（受众）与客体（主播）的二元范围，还有受众与受众之间的相互投射，每个参与了直播的人都被嵌入这个共同制造的主体—中介—客体三元的复杂认知结构，彼此相连地展演着，并在其中通过客体象征赋予自我一个完美他者形象。

在流媒体直播间标榜着"自由"的日常模块里，与受众之间有着相似生活背景、职业阶层和心态的主播，或者拥有与自己相近意见的弹幕围观者，都更容易引起受众的情感投射，受众可以在直播间中找到最适合自我情感需求的内容和投射对象。平行于现实世界的网络直播世界投射的是"社会的、日常的"情境,而主播个体在流媒体世界中"表演着"结交密友,与受众倾诉、接受、创造新的"社会"、文化信息等等。展演的情境是对现实社会的"投射",屏幕中的背景、人物关系、日常模糊了现实和虚拟体验的界限,如同现实又超越现实,是受众可以把握塑形的"第二人生"。在流媒体直播平台供给的匿名混合现实中,受众拥有无数个/次分身,幻化出无数个可以从头再来的"生命",塑造日常现实中无法抵达的理想形象。

二、"主体"梦工厂

原本,志同道合者在网络的联结可以导向共同精神及积极的社会联结,然而 Web2.0 将消费者导向内容生产者,社交媒体又将人与人扩散的复杂感情和智性的社会性关系(the sociality)——变成以社交(social)为取向的关系,匿名的多元虚拟自我产生。技术不只是参与了,而是创造、修改了我们的主体性塑造,彻底改变了我们的日常经验。

在信息的孤岛里憋了太久,快手(直播)成了他难得的和外界接触的窗口。在"快手"(App)上,你几乎可以找到任何人,三分之一的少林僧人都玩快手,除此以外,有三十多位火车司机、国家散打队的队长、赵本山的十多个徒弟、来自海外的模特。谢先志关注了八十多个在国外的用户,开挖机的、造船的、电焊的,看他们发视频,在日本、在法国、在非洲。这个已经十多年没离开大山的人,也能随口点评上好几个国家的知名建筑。[40]

从一位工作在豪华游轮的海员的日常生活自述中可以看到,唯有网络直播才是他排解个人孤独的方法。有着类似经历,继而成为网络流媒体主播的用户不在少数。像海员自述的类似描述报道实在太多,[41]社交媒体(自媒体)的出现,使得公众对任何事物的看法都可能被听到,而网络流媒体直播平台又提供了主体被情感认同和投射的可能模样。直播间里伴随的家长里短和由空间等多种展演因素共同朝向着受众们的个人记忆和经验,它们聚拢在主体性建构的复杂网络中。网络直播技术井喷式发展至今,国外直播平台仍止于以美女、搞笑、购物与游戏竞技主播为主要直播类别;区别于西方的互联网文化使用特点,中国的流媒体直播形态比国外的流媒体直播形态更丰富也更复杂,展示了截然不同的网络直播形态结构。根据第49次《中国互联网络发展状况统计报告》指出,截至2021年12月,中国网络直播用户规模达7.03亿,中国网民结构且更加多元。虽

---

40. 真实故事计划:《在快手,7亿种活法》,https://baijiahao.baidu.com/,2018年。

41. 佚名:《网络主播为梦想主播》,a/241040044_99923511,2018年。

大风号:《网络主播蜗居10平米小屋:梦想还是要有的万一实现了呢》,http://v.ifeng.com/video_17172969.shtml,2018年。

佚名:《襄阳网络nvzhubo1生存状态——梦想交织着欲望》,http://news.cnhubei.com/xw/hb/xy/201608/t3687169.shtml,2017年。

然2021年中国的体育类和电商类网络直播行业发展最为突出,但真人秀直播的用户规模也同比增长了272万人,内容种类在不断扩张。平台提供的是"没有做不到只有想不到"的奇观日常。流媒体直播不仅给各异的阶层重塑了社会认同感,还成为中奖率极高的明星、网红赌场,并提供窥视不同阶层和身份的高潮感。

网络流媒体主播直播自己的日常生活,随时更新每天的话题配方或者直播内容,他们的直播不按固定的叙事套路出牌。受众发表评论或者弹幕,主播做出回应,根据反馈信息不断调整翻新互动策略。在互动过程中,打赏得以筹措,伴随"围观"效应建立起稳定的受众群体。部分受众对主播形成粉丝信仰,不仅仅因为他们投入了资金(打赏),更在于他们对主播有情感的"共有感"和"供有感"。共同的活劳动在这里展示着:设定不同的馈赠等级,给予不同等级的打赏人相应的谢礼。过去传统媒体里,粉丝只能跟随明星的现场宣传走穴,做出出格的动作,或者投入更多的时间和金钱才有可能吸引明星注意。然而流媒体直播彻底改变了状况,受众在手机滑动间轻松获得和明星、网红及其他主播的入场券。资本企业让粉丝、受众(老板)享有主播的交互所有权,围绕着这些架构会引出一种话语式的诱惑。屏幕里面没有商品,但屏幕本身被一套"暧昧"的话语意象所结构。不再需要工人每天清晨为展示消费商品的橱窗扫去灰尘，唤起顾客的购物欲望，那个隐约从手机屏幕反射看见自身主体性的自我已经沉醉在和主播形象同款的标签里，也危险地将个体转变成了更多间接性同质化的自我。美国学者约书亚·梅洛维茨（Joshua Meyrowitz）认为媒介与观众的奇特关系重整了社会秩序，电视使得异质（heterogeneous）人群的异时（asynchronous）聚会"以特有的方式接纳/排除/团结/区分着人"成为可能。相反，当下是德国社会哲学家尼克拉斯·鲁曼（Niklas Luhmann）所谓的复杂的简化时代，更有甚者，那些彼时的异质人群现在是以"同我"人群的共时性（synchronic）聚会，构建着今日的日常生活。

意识形态的建构以一种温和的效力完全融入日常生活的经纬和体验。公众依然能看到鲍德里亚文章当中主流媒体对文化意义主体的建构，比如电视剧《欢乐颂》对美好的中产阶级的歌颂，对青年的新自由主义式的鼓励。当资本需要何种导向，于是何种主体就被建构。互联网的匿名、时空压缩与伸延并存的特点，使人们可以隐匿自己在现实世界中的部分甚至全部身份，在屏幕上重新选择和塑造自己的身份与形象，弱关系 (weak ties)[42] 得以建立与滋长，能够让原本素不相识、地理距离和社会距离都遥远的陌生人互相结识和交谈。同时这也意味着，"网络互动作为一种以身体不在场为特征

42. 美国社会学家格兰诺维特等社会学者认为：人与人之间的关系可分为强关系和弱关系。强关系往往是同质群体内部的纽带，而弱关系则是不同群体之间的纽带。

的匿名互动,既是一场重塑自我认同的游戏,也是一场陌生人之间的互动游戏。"[43] 不少网络社会研究的学者强调在网络场域中,由于社会互动的非同步性、中介性、匿名性、低承诺性等特点,使网民无须担忧他们的真实身份会暴露,因而交往变得更自由、更无顾忌、更多自我揭露(self-disclosure)、更高程度的容忍,也会付出更多时间营造自我形象甚至是塑造多重自我。这不仅有助于公众在交往中更真实地表达自己的想法和意见,而且有助于将社会关系扩展到日常生活中原本有意避免的面向,构建和发展出多元的关系网络。而且,与现实世界中的强社会关系相比,在线社区所建立的弱社会关系,大幅提高了信息共享的能力,因此有可能提供更好的、不同种类的社会资本。例如学者林南就认为由互联网崛起而造成的虚拟社会关系网络的兴起与扩张,"标志着社会资本的革命性增长。"[44] 但是在我们看到流媒体社会这场新的重塑自我主体性的游戏中,需要警惕的是,这个自我是个人的"自我"还是"社交"社会安置我们的那个有着趋同性、安全意识形态的"同我"。

以社交应用为例,网络流媒体直播相较其他社交媒体应用更适合发展可持续增殖的社群关系,因为,微信创造熟人线上社区,不利于用户生活圈外社群的集结。微博为完全匿名的用户分享表达平台,互动具有延时的特性不利

43. 黄少华、翟本瑞:《网络社会学:学科定位与议题》,北京:中国社会科学出版社,2006年,第261—281页。

44. 林南(Lin,N.):《社会资本:关于社会结构与行动的理论》,张磊译,上海:上海人民出版社,2005年,第227页。

于建立长期的情感共同体。作为"想象"和"在场"的共同体，社交媒体比现实社会区域性的情感认同更加容易获取。流媒体技术发展"移除"了戈夫曼的前后台理论，将后台一览无遗地展示给受众，受众不再是完全被动的接受者，而是拥有互动和成就主播的权利。这种权利满足了主体的自我想象，分享经验，以及情感的场域建构，并最终形成社会／身份认同、情感投射。直播间不再是脱离社会个体的常规角色划分，而使得两极的自我表演都成为可能，成为社会的共我抑或再次成为个体。后台又变成前台，双重角色在多重现实中共同作用。

社交媒体的开发嵌入越来越多游戏性的语法与内容，因为游戏媒介即时互动的特性，使得用户可以在想象力的（游戏）世界交流、支配，建构情感共同体，并且找到虚拟的自身主体性。东浩纪在《游戏性写实主义的诞生——动物化的后现代2》[45]中聚焦文学领域，展开关于抵抗"动物化"可能性的讨论。在动画《凉宫春日的忧郁》中，过着普通日常生活的主角还有另外一个为保护地球而战的身份，他认为动画作者在使用一种新兴的典型叙事模式，以角色为中心的分散化的小叙事大量增殖、流通。新文学与动漫、美少女游戏的新故事共同生成一种依凭角色数据库的人工的想象力环境。东浩纪以"想象力的双环境化"称谓对等于现实环境的人工环境。这类轻小说中，读者从元环境

---

45. 东浩纪：《游戏性写实主义的诞生——动物化的后现代2》，黄锦容译，台北：唐山出版社，2015年。

与角色数据库里读取信息,从移情叙事主体(角色)转移投射元叙事主体,在这些游戏性的故事中除了现实之外,还并列存在着一个充满正当性的"虚构"游戏世界,复数的生命线和剧情。东浩纪提出的双环境化也启发了关于虚拟—日常混合现实的更多想象,网络的日常直播在创造那个社会的"同我"线索之外,自我的展演也打开了另外的一种"想象力的多环境"。日常的直播充满着游戏性,受众在不同类型的直播间观看、体验复数的生命、时间、故事、空间等等,特别是在有弹幕及与"泛娱乐"模块互动的各项技术后,不同的直播间创造了支配现实感和多重主体性的想象力多环境,重写了公众对日常现实的感觉结构。随着越来越多不同主体的参与,网络直播不仅可以成为共有的经验和公共性的基础,对于现在媒介化日常组成的现实来说,想象力的多环境善意的显现出一种姿态,公众可以以一种开放的主体性想象去关注而不是去区分真实的和表演性的／主体的和客体的世界之间的联系。

三、展演性社会
——"景"观到"奇"观

图16 2016年土耳其总统埃尔多安用手机直播挫败军事政变

土耳其总统埃尔多安（Recep Tayyip Erdogean）对社交媒体一直抱持着反对态度，他曾多次批评"Twitter"和"Facebook"。他认为大多情况下社交媒体总是发出反政府声音，然而在当时的政变中，他不得不使用社交媒体向全国民众报平安，并呼吁人们捍卫政府，对抗这次政变（图16）。反对社交媒体的领导人最终却只能以流媒体直播方式做政治呼吁，这无疑是一种讽刺。法新社的记者更是用"这真是一场现代化的政变"来形容网络直播对于信息传播的影响。这是埃尔多安来不及排演的日常，也是观众心满意足的展示奇观。

《英汉大词典》中 spectacle 有"景观、景象、奇观"几种不同的解释。2007年南京大学出版社出版，由王昭风翻译的法国学者居伊·德波 (Guy Debord) 著作 *The Society of Spectacle* 翻译为《景观社会》。《景观社会》的着重点在于德波认为资本主义社会发展到以意象和幻觉占统治地位的"景观社会",产生新的异化关系。德波在书中批判了当代资本主义社会新的消费形态,即景观取代了商品的实物,布满我们的生活空间。商品、技术、传媒、影像、新媒体、资本无孔不入,"在现代生产条件无所不在的社会,生活本身展现为景观的庞大堆积,直接存在的一切全转化为一个表象。"[46]德波强调景观不只是这些阶级权力的外露展示,也是生产这些展示统治阶级权力秩序的机制和目的。处处都能看到被展现出来的景观及其建构起的视觉体制(Scopic Regime)不断将公众吞噬,新闻、宣传、娱乐、广告等制造大量非本真性的需求,"资本变成影像,当积累达到如此程度,景观也是资本"[47]公众在景观的引导下进入一种新的异化状态。景观是被人类所感受、想象、规定的对象,成为社会和政治活动的产物。德波继承经典马克思主义的衣钵,利用"异化"的概念将景观社会看作以更具欺骗性的资本主义发展方式取消人的存在。景观的形象经历了从过去工业社会赤裸裸的剥削到橱窗中等待被购买的发光商品,再到纽约时代广场大屏幕的商品符号。鲍德里亚随后出版的《消费社会》一书中,从符号学的角度,对消费属性的当代社会展开批判。德波、鲍德里亚这些后现代的理论学者都在终结现代社会意义的系统。

不同于学者张一兵所认为德波指称的"景

---

46. 居伊·德波(Guy Debord):《景观社会》,王昭风译,南京:南京大学出版社,2007年,第3页。
47. 同上,第10页。

观"是无直接暴力、非干预的表象社会,《媒体奇观——当代美国社会文化透视》[48]的翻译者史安斌将书中spectacle翻译成为奇观,原因是膨胀的媒体将景观变成奇观,这也是基于其在德波的理论之上的推进。此书是美国学者道格拉斯·凯尔纳(Douglas Kellner)以符号学分析包括辛普森、美国总统等特殊的媒介奇观例子展示戏剧化的媒体文化现象。国内的新闻研究学者们在论述研究时也往往将spectacle翻译为"奇观"。早期,对奇观的定义来自产生"惊奇"的过度反应,触及战争、灾难、神启等等产生敏感的因素。比如福柯所称让人产生至极情绪的"可怕的惩罚场面"。

Spectacle 在13世纪中期从古法语中转换而来出现在英语中,意指"特别准备或安排的展示"(specially prepared or arranged display),也指一种主体性的、有意识的"表演"。《牛津英语词典》对spectacle的第一个定义,即"一个人或一件事物作为好奇或轻蔑的对象被展示出来"。这一观点表明,过度的对象可能是来自狂欢和厌恶的情感。更重要的是,它意味着主体,以及任何物体或事物,都可以成为奇观的对象。文艺复兴时期指涉教堂、皇帝彰显自身权势组织的公共庆典,制造狂欢、惊人的效果。可追溯的最早词源为 Spectare 以及重复动词 Specere,前者意指"查看、观看"(to view, watch),后者意指

[48]. 凯尔纳·道格拉斯(Dougla SKellner):《媒体奇观:当代美国社会文化透视》,史安斌译,北京:清华大学出版社,2003年。

"看"(to look at);再往前,甚至可以追溯到它的原始印欧词根 Spek,意指"观察"(to observe),其中又联系着衍生词 spectator(观众)的在场。从亚里士多德的《诗学》也可以追查到,Spectacle 对应的希腊原文是 Opsis,这是亚里士多德悲剧理论中非常重要的概念,也是英语中 Spectacle 一词的语义来源之一。在他的理论中指涉的是演出情景。衍生出名词"spectacular",也指的是戏剧范围之外的一个大规模的壮观事件。在奇观中,表演性的力量往往会驱逐主体,将其客观化,用象征和其他类型的抽象符号代替它,主体关系变成视觉的特殊效果。追溯词源的用意在于,不论是景观或是奇观的翻译不仅牵连着视觉机制,不可忽略其本身表演性、展示性的知觉特征。我十分赞成英国戏剧理论学者巴兹·克肖(Baz Kershaw)的部分观点,他在《蔑视的好奇心:关于奇观,人类,和行动主义》文中分析与权力相关的 spectacle 的四个类型。1. 统治的景象:教堂、君主国、国家的景象;宗教仪式、加冕礼、军事游行、政权者的仪式。2. 抵抗的场面:人民、群众、革命先锋派的场面;政治抗议活动。3. 矛盾场面:谈判权力的场面;圣主节日、恐怖袭击。4. 解构景观:萨满教戏法、错视画、化装舞会等庆祝活动。不管是以屏幕为中介的电视和电影,或是实体的文化庆典、博览会、运动竞技、主题公园等等,都是人为制造的,充满诱惑性的"景观"。这些消费娱乐的场所和媒介将受众带入过度生产的视觉景观中。而在数字革命的大力推动下，社交媒体介入、超越了这些巨型的景观，转换成为景观的微缩化（miniaturizion of spectacle）[49]，重要的特征在于，公众不再和公共空间产生联系，资本致力于开发与人类知觉相关的联系日常的景观能量。

21世纪，居伊·德波所谓的"景观社会"具有了全新的内涵。伴随着流媒体技术的发展，资本主义市场的迭代，与人类情感关系密切纠缠的"展演性社会"异化成型。这即是德波的景观社会的2.0版本，是富含更加强大内化结构的景观社会。如果说景观社会是媒介话语社会，媒介不记录就不存在，那么展演性社会则是调动人类全部知觉感受的形象展示社会。其中的"表演性"并非只是指社交媒体中媒介技术制造的单纯影像中的表演，而是被媒介技术所投射和影响的人与人、人与物和空间之间的形象关系集合；其中的"展示性"也并非只是指媒介技术功能属性所自带的展示效果，而是被媒体应用所异化的，对无尽的主体性重建和所覆盖的全部日常内涵的展示巨构。"奇观"是这展演性社会中的表象特征，不再是通过规模性的景观生产。在展演性社会中，我们能看到如Teamlab等各种沉浸式的体验消费空间，各式全球扩张的奇异设计博物馆，同时，还存在着一种微型的日常奇观，公众的日常生活正

---

49. Kershaw B. *Curiosity or contempt: On spectacle, the human, and activism*. Theatre Journal, 2003（55）, P.593.

在以真人秀的形式时刻被展示和消费着。在实时流媒体技术无处不在的今天,奇观已打通所有关窍,并不以肉眼中线性的日常时间为单位展开,它们是不同时空的同时性吸入。正如直播网站中视觉呈现的九宫格、十二宫格甚至二十四宫格直播缩略图,流媒体平台实时地为我们传送着英雄与草根、中产与无产、公共和私人空间,监视和猎奇的混合现实。同时它展示了一种新的矛盾悖论。它并不来自壮烈的情节,而是普通的线索,伴随克肖所观察的景观的微缩化,任何人的日常可以被搜查、收藏、展示、点评。与现代汉语词典解释当中对奇观含义"雄伟、美丽而又罕见的景象或出奇少见的事情"的联系已经偏航。直播平台营造的奇异吊诡而又令人心动的形象展示,给我们所熟知的、具有人工制造特性的社会表象展示增加了一层具有肉身知觉皮肤的"3D特效",这层特效是由形象的表演和展示组织构成,促使我们顺利地从景观社会过渡到了展演性社会。

公众的主体肉身被数字化的技术所异化(客体化),"表演成为普遍的景观:政客在表演、股东在表演、生活在表演,在街上也在屏幕之中。"[50]媒介技术与资本联手将日常实践展示化,主体形象表演化,也就是说直接将日常奇观化,个体主动地成为自己的观众。瓦尔特·本雅明在《发达资本主义时代的抒情诗人》[51]提及拱廊街道悄悄抹平不同的等级差异,在流媒体直

50. Kershaw B. *Curiosity or contempt: On spectacle, the human, and activism.* Theatre Journal, 2003(55), P.604.

51. 瓦尔特·本雅明(Walter Benjamin):《发达资本主义时代的抒情诗人》,王才勇译,江苏:江苏人民出版社,2005年,第33—54页。

播平台中，不同身份的公众都可以进入这个空间并是其所是、如其所是，如初见海德公园水晶宫般的折射，看见闪烁光芒的自己，主动去成为展演性社会的一部分。展演性社会带来日常的全部展示以及个人形象的无边重塑，不再是与公共空间这些大叙事相联系。一个年轻的、微不足道的、边缘的个体，都可以随时通过网络流媒体直播将局部的、个体的，对资产阶级的批判和反抗，对市场的警惕和抱怨，对自我的拯救和解放，迅速放大并收获奇效。

网络流媒体直播间里，资本隐秘地将屏幕当中的那些博物馆、地铁、广场、公园、学校等公共空间巧妙占用，以数据流的形式生产出等价的形象商品。在满屏幕都是形象，满日常都是展示的今天，瞬时的、实时的屏幕感性连接替代了传统的空间生产，各种社交媒介以不同形态无缝对接日常生活的深层结构。现世是个除了展示价值以外，交换价值和使用价值趋近于零且不能生效的地方。实时流媒体技术的应用不仅重构了公众对于日常生活的认知，情感经验和个体全新的社会化过程，也彻底改写了公众的社会交往模式和政治现实。社会不再是等级化的、总体的，而是混杂化的状态。过去景观社会的运作仍然需要策划、宣传、教育等功能系统的维护，而如今它的完成时态——展演性社会就是事物的"存在"形式，把视觉景观塑造成肉身知觉性的表演展示。

流媒体直播中的日常，如同90年代香港TVB（无线电视台）中的日常肥皂剧，充满熟悉的剧情和受欢迎的演员。表演是社会的、政治的、意识形态的、机构的、技术的调解，媒体、影像、物品、信息、实践都成为展演性社会的装置配件。自拍可以变成明星海报，信息变身弹幕，日常也可以变成有心计的脚本，胶片则变成后期特效。没有媒介表演的事件不可见，甚至缺乏现实性。象征权力的仪式场景、沉浸式空间的主题公园所体现的纪律机制试图驯服奇观，将其归纳为巨型的视觉景观，然而调动人类全部知觉感受的形象展示社会中的表演并没有将现实世界的每个肉身细节与权力的"场景"缝合，严格将其置入指定的边界范畴，而是展现出一面它并不排除那些拙劣的、尴尬的、即兴的、溢出的表演姿态。

四、被情感经验包裹的口语

基于网络平台传播的综艺节目越来越受到公众的喜爱，各类传统媒体及网络综艺节目的泛娱乐化某种程度上推动了网络语言的发展，也实现了口语化的主场占领。口语化的言说横跨了当下社交日常的方方面面，各种社交应用、短视频应用都表现出口语化的表征。碎片化的时间里，各类社交手段以更多口语风格化的叙事、个性化的图文和视频替代了专业词汇和传统文本。越来越多的语言学、传播学和文艺理论的研究开始把目光投向数字媒体中的口语研究。与高度提纯的书面语言相比，日常口语是生活的直接呈现，包括方言和俚语，它们更贴近公众的日常生活。马歇尔·麦克卢汉（Marshall McLuhan）对于口语的界定是："口语为最早的技术，凭借这个技术，人类用了一种新的方法掌握环境，而非摆脱环境。"[52] 沃尔特·翁（Walter Ong）是媒体社会口语研究绕不开的人物，因为他不仅提出了"次生口语文化（Secondary Orality）"的概念，还提出了口语化的九个特征。我们并不在应用语言学或者传播学的视角下详细解读"次生口语文化"或梳理不同书面文本的文化心态，但是该理论对于我们厘清网络流媒体直播间受众和主播之间产生的情感关系有着不可或缺的参考价值。流媒体直播间实时性的口语化表达与社交媒体中以社交和录制性的短视频应用表达又呈现了不一样的面貌。社交媒体中的口语化表达是文本文字的口语化，微信、Facebook、朋友圈、微博和小红书等表达都多用短句，它不仅具备日常口语的形态，也同时具备书面语言的逻辑性和延续性，通常以文字或者事先预定脚本的短视频、互动形式呈现。而网络直播中的口语化则是更复杂的"杂语化"现场，更多呈现着口语变体的特征，动态多维性相互渗透的语态，实时视觉性的身体、情态语言，产生出更容易

[52]. 马歇尔·麦克卢汉(Marshall McLuhan)：《麦克卢汉精粹》，秦格龙编，何道宽译，南京：南京大学出版社，2000年，第311页。

出错的戏剧性和混乱、冗长、尴尬的矛盾时间效果。习惯于"短平快"媒体速度的受众，在这冗长的直播中即使想要快进也不得快进，生发一种焦虑的、真实的现场感。同时它也实时呈现着受众以文字为载体的评论带来的延迟反馈，这个过程中又包括了符号化的口语和网络用语等其他社交媒体应用中的反馈方式，因此流媒体的直播中既有即时性的口语化特征，也敞开着预定脚本互动的选择权。

在书面文字中，书写提供了停顿、回顾和思辨的时间，文字中展现精妙的书写逻辑，以及可分析、抽象的框架思路，和现实的生活经验拉开了差距。口语则是在并没有如书面性的严密语法结构和逻辑思维的情况下进行的情境式陈述。话语的接收和理解必须是当下，表达往往无法脱离语境，不允许延迟，那么就会出现"基于口语的思维和表达的构造成分往往不是简单的'整数'，而是整数的聚合，这些'整数'有相似的词语、短语或从句，有对仗的词语、短语、从句或名号"。[53] 在公众实时口述表达自己的话语时会无秩序地重复增加程度副词、形容词、转折连词等，也有可能因为主播的口述习惯而什么都不加。大量有意义或者无意义的情感化语言信息出现，在主播的描述和交谈中出现大量关联词，比如用"然后""后来"等连接上下文，用"但是""然而"等表转折，或者用"所以""于是"等表因果关系。这类

53. 沃尔特翁（Ong, Walter, J）：《口语文化与书面文化：语词的技术化》，何道宽译，北京：北京大学出版社，2008年，第123页。

连词起到了增强情感体验的作用，同时也可以为接下来实时要说出的话语提供思考的时间。程度副词如"很""超级"等则是为主播表达的情感程度分类起到重要作用。但往往受众在网络直播间接收信息时，感受不到缀词的使用过于频繁，反而觉得主播的讲解非常详尽，充满语调、细节和动态的生活经验。"姐妹们""兄弟们"增强了受众和主播之间的心理距离，"我真的好纠结啊，我太纠结了，真的好纠结啊，怎么办？怎么办？"重复的情感描述等让受众觉得主播并不是在屏幕背面，而是手机屏幕后真实的血肉。书面用语中代替逗号和句号存在的停顿在口语化的直播中可能发生在不该或者不需要发生的时刻，情感停顿冲突传递了关于身体的想象。笑声、叹息、责骂等各种语气细节，加上个人经验中充满吹嘘、赞扬、调侃、顶嘴、取闹的动态，受众感受到的是主播在实时地"直抒胸臆"。

网络直播中方言也相当流行，这些方言所产生的集体记忆一下就拉近了在异地求学、工作和生存的受众和主播之间的内心距离。当主播的个体语言印记包裹在其形象的外围，家长里短的互动关系也随之变得更加真实。不同的文化身份体现了主播在口语化上针对性情感价值的策略，"嗦粉（长沙话）""清起来（杭州话）""讲胃口（武汉话）""啥子（四川话）"等，受众在视觉性和听觉性所塑造的情境展示中获得贴近的视听效果，尽管无法身处一地，但立刻强化了受众与主播之间的地域性社会认同，此时方言成为连接受众与主播之间坚实的情感介质。

网络直播中，受众需要主播的语言参与，包括语气和语调；主播同样也需要受众口语化的书面表达，两者实现了以网络为根基的三维感性交往方式。互动的话题往往关于个人的生活经验和记忆分享，这些具体化的记忆和经验被主播以口语的方式唤起、开发、重建。部分主播每期会以生活中的某个具体问题展开闲聊，在谈吐中映射出个人的兴趣爱好和精神需求，受众的窥探心理在主播琐碎的谈话中获得满足，口语化的互动将公共情境与私人情感记忆叠加，充分引发受众的情感共鸣。也正因为网络直播的实时性，主播往往停留于情景化、松散的陈述，追求直观的情感表达和娱乐化的传播效果，不仅会出现各种语言使用错误，对不同种类的方言包容性也很高。网络直播间对诉说者和接受者的语言能力门槛要求低，主播往往未经受缜密的语言技能训练，这也是网络平台直播大众化、全民化的一大助力。

符合资本输出理想空间形式的意图，大部分网络直播间产生的语言内容只是泛娱乐化的意义生产，消解了语言深刻意义的生产。尽管如此，即使在更容易出现低俗内容、语言违规的直播间，我们还是应该看到，由于它口语化的多重表达方式，使得受众和主播愿意积极地去生产他们细碎的言说。情感性连词、形容词、副词的叠加，啰唆、重复却充满情感经验的包裹，都帮助受众感受到了主播由情境式语言建立起来的具有肉身记忆的现场，在多重的语境中表达和交往，形成混合现实中的社会关系。

五、展演性社会的三元结构

主播们作为主体，通过将自己"真实"的或创造的展演形象呈现，诱使受众相信屏幕中主播的"真实"形象，建构受众关于主体性的形象。同样的，在受众共有的记忆和独有的欲望中，通过主播展演的具体化的形象，受众也延续了自己对主播形象的建构，作用于自己的身体并得以继续探究其自身的主体性。在新的媒介环境中，受众、主播都只能通过形象的客体化，即他者才能构建自己的主体性。那个同时作用于主播和受众的代表欲望的"客体小a"一直在动态的建构中。不同于传统媒体时代屏幕引起的情感投射，屏幕中看到的主播和其他受众是日常经验里的他者，受众一直试图理解那个其中和自己有共同或不同社会身份及经验的形象，建立和那个形象之间的情感关联。主播和受众共同又都在"主体化"形象展演的过程中不断使其动态化。也就是说，直播空间中的主体性由主播和受众共同的口语、神态、表情、动作、弹幕、打赏、表情符号、文字和空间的具体知觉体验所构成,又通过和我(受众和主播)的过往情感经验与记忆交集。即使是不同身份的经验也在具体化的知觉经验中,变得立体而赋了我(受众和主播)2.0 的主体性意义。这个主体性的意义又随着来来往往的更多互动参与而不断翻新,在这些空间中相遇、吸引、触发、离开,处在永不停止的关系变化中,通过这样情感投射的经验,我们寻找并重建着混合现实中关于自我主体性的定义。

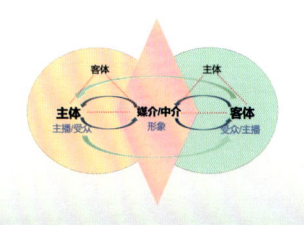

图 17 流媒体时代营造的主体—中介/媒介—客体三元关系结构图

在拉康的"屏幕"原理中,他解释了主体是如何彼此相互协调。凝视理论也指出主体既是观看的主体也是观看的客体。网络流媒体直播的出现更新了社交媒体的互动机制。流媒体直播当中,受众不仅可以提供反馈,成为内容的生产者、推动者还是媒介和投射的客体,弹幕的互动又在受众和受众之间产生互相投射和共同投射。主播、受众和其他受众互为两个或多个的主体关系中一直尝试着用媒介/形象将其客体化,一种全新的传播/意义生产机制就此产生,离开了传统的认知意义体系,强调情感逻辑和自愿参与。受众所观看的主播（所指）变成中介化的投射，那个受众主体性想象的形象（能指）也变成了一直动态更新的像素化中介，作为接受者的受众通过中介化的屏幕被客体化（同样的，对于主播也是，作为被观看的主体和客体表演着自己的形象，并将其投射）。那个媒介／中介既是屏幕、技术也是形象，是我们主动去创造的主体。我们恍然大悟，中介／屏幕／形象在这个世界里是多么重要，通过屏幕、媒介技术或者说中介化的形象，将主播与受众之间的身体和欲望联系起来，仿佛它正是那个万花筒，将我们的主体性创造、分割、展示并不断地强化。这个媒介／中介既将主体和客体，自我和他者区分开来，同时又显示出两者的可逆性，正是它建立起彼此的关联，折射出它的万种可变性。网络直播形成的正是空间、形象、语言、屏幕、身体共同创造的复杂体，共时性现实弥补了空间距离，也协调了社会关系。新的媒介环境中的展示性和表演性形成由欲望所引发的主体（subject）—中介／媒介（agency/medium）—客体（object）持续作用、反作用的混合关系，这混合关系也反向深刻映射着主体的复杂性（图17）。中介／媒介（agency/medium）是代理，它拥有主体的能力，同时也能被主体建构。客体也并不是被动塑造，仍有主动性。每一个主体、中介／媒介、客体都是一个杂交物（hybrid），旧有的二元对立模式被模糊了,过去的能指和所指的意义不再稳定,而是相互捆绑、缠绕、纠结。同时中介/媒介(代理)的重要性得以浮现,媒介(屏幕、形象)决定着主体和客体的互动,受众和主播,或者受众之间建立的投射关系。

六、社交帝国:从未中性的展示

> 世界上真正的神秘来自可见,而非无形。
> ——奥斯卡·怀尔德(Oscar Wilde)

秀场、游戏是网络流媒体直播最初的两大内容支柱,到 2015 年,所谓的网络直播元年的降临,流媒体直播内容开始百花齐放,空前繁荣,万事万物都可以成为直播的内容,至此直播行业彻底地移动化和泛娱乐化了。2016 年起,UGC(用户原创内容)、PGC(专业生产内容)模式全面走红,一时间网络上关于直播是"一种媒介方式的颠覆,全民化的娱乐方式及知识传播的新标配……"[54] 类似的新闻不绝于耳。宣传趋势指向直播平台这一个资本前景巨大的领域,大量的相关应用和网站应运而生。日常就此变成屏幕中的影像,对比列斐伏尔生活着的插电日常时代,今日移动端口就是我们的外接器官。

展示(display)过去意味着人有意、系统地组织材料公布于公共领域,或作为机制、制

---

54. 孙奇茹:《网红主播来了,自媒体人慌了》,《北京日报》,http://news.xinhuanet.com/tech/2016-07/29/c_129188378.htm,2022年。

度代理人，实行有目的的公众宣传、沟通或意识形态的说服。展示既是能左右思想的媒介操作，也是文化霸权的核心斗争。传统媒体时代，"展示"是电视广告、杂志、报纸，甚至是博物馆的海报横幅。今天的"展示"则可以是无序、无叙事意义的混乱组合。中国台湾学者黄孙权在《杀马特中的现代性——关于城乡空间生产斗争之社会展示》[55]文章中首次提出了"社会展示（Social Display）"的概念，其内涵为在Facebook、微博等社交媒体上的介绍、匿名宣传，多由隐藏着主宰性质的意识形态所作用，但也可以成为打破认知秩序的抵抗力量。他一针见血地指出了社会的困境，也勇敢地设想了展示作为一种可能的社会关系的出路。

线下的公共领域中，美国洛杉矶的盖蒂艺术中心（Getty Center）也是一个关于实体的有说服力的"社会展示"，盖蒂艺术中心的存在将洛杉矶整个城市都变成了"艺术品"。还有美国华盛顿的城市博物馆群也将城市自身变成权威的"展示巨石阵"。当代博物馆引入"场馆露营"的营销策略，并打造文创中心和咖啡聚会休闲部门，将艺术转变为闲暇时光的文化商品。艺术的关注力完全由"展示"培植，是媒介存在的效果在发力，不再是根基于展示的艺术内容。也正因为博物馆成为资本经济的理想形象，使得展示变成权威的艺术知识，公众在这些"知识"中学会评判好坏，真假。从盖

55. 黄孙权、刘益红：《杀马特中的现代性——关于城乡空间生产斗争之社会展示》，《第34届世界艺术史大会》，2016年，第1914—1922页。

蒂美术馆全球扩张分支、艺术双年展机制对艺术家作品买卖的加持等等,"展示"一直在重新发明新的形态。

今日网络的自我组织方式与"社交媒体"出场前的世界截然不同,过去主要透过Email、纸张、电话与传真,社交媒体则是预设的联结与组织工具,对于不同身份和阶级的用户包含相同的意义。随着网络流媒体技术的加入,更新的社交媒体形式使得社会关系必须经过实时表演性的展示滤镜才得以成型。不变的是,不论是过去杂志、海报上的展示,抑或是今日之媒介化展演性社会中的实体和网络展示,展示本身从未中性。它并不是客观的呈现,而是将主语隐形的,一种关于"示"的,有倾斜性的姿态。

在鲍德里亚看来,电视就是由意识形态组织的编码规则和剪辑模式,产生一种"新现实"的替代品。传统媒体时代的媒介创编脚本是独白式的(monologic)会话,受众的观看是专注的凝视(gaze)。罗伯特·麦克切斯尼(Robert WMcChesney)强调自20世纪80年代后,新闻和信息被广告实践渗透,事实和观点被混淆成一回事。市场利用了大众媒介话语策略、表演性扩散和发挥的媒体逻辑,重新模糊了新闻和广告、事实和意见、公共事务和商业的边界。电视制作人们完善了引导集体情绪的试听语法,摄影师们抓住扣人心弦的行动画面,导演们也深谙"我们是表现中立的平台"的传媒逻辑规律,将貌似独立和中立的方式固定在标准化的程序中,代表精英立场的主播的容貌、立场、说话方式,用一种"自我合法化"的方式说服观众。

社交媒体提供的是对话式(dialogic)会话,给受众提供了去创造社会/社交关系的环境,受众的观看是不纯粹的围观,任何身份都可以在其中建构"叙事"。流媒体技术的介入与直播间的兴起,使对话式会话又异化为展示性(displaying)对话,社交关系中,只有可以被围观的展示才存在,现实和想象并无关联,只有媒介所展示的存在才存在,与真相和历史无关,只与系统的内在有关。媒介不会让我们整体地看到事物的全部面貌(历史、社会、政治),而是不加区分重新诠释的形象片段,意识形态完全躲在"自由"的背后,在可创造的社交关系环境中,主播和受众积极地塑造直播间中的表演"形象",成为数据和资本助推下希望公众成为的形象。

公众面对的困境是,流媒体时代中日常不仅变成了社会展示,也变成了社会展演。公众不仅生活在以赞和转发数量来定义权力的媒体社会,同时历史、现在、未来和肉身都以形象的形式变成商品,展示并不能让我们看到背后事件变成商品的过程,展演让我们并不需要关心形象背后的系统生成逻辑。新技术带来新便利的同时，也正在带来一种更深的关于人的治理。回到让·波德里亚(Jean Baudrillard)的观点，在大众媒介构建的仿真社会中，社会就已经失去了它的历史角色，因为"社会"这个词已经不和危险、挑衅的政治挂上关系，理论化的主体都成为消费者。那么，社交媒体即是将"社会（Social）网络"置换成"社交网络"，社交剥夺了所有形而上学的价值，变成关系碎片的符号，依靠"弱连接"松散的维系。以市场营销术语来说，"社交"仅仅是用技术创造了用户和用户之间的空间，将传统社区变成平台，公众不再是过去社群中家庭、工作、传统的联合。之后，直播间又使用流媒体技术在用户与用户之间的空间中营造社会关系，将平台转换成关系氛围。大学、医院、图书馆等公共空间都需要媒体的介入和形象的展演，开设公众号，设立直播间，展示着要解放和交流的姿态。就像电影改变公众使用美术馆的方法，在实时流媒体技术产生后，直播间也彻底改变了公众使用日常的方法。

资本通过展示也一直在重新发明和转换，变成隐秘的权力封套。没有媒体介入和展示的事件会逐渐变得不可见，甚至缺乏现实性。展示将好的、坏的、危险的、安全的并置在同一屏幕中，它像首催眠曲，中和我们的情绪，并不希望带来真实的改变，因为改变意味着摧毁和建立。屏幕当中发生的一个个事件被一个个主播和受众创造的形象所覆盖。网络流媒体直播不再只是内容的传播者和信息的提供者，而是一个遭遇（日常）、制定（形象）、体验（情感）和生产（资本）的媒介。"技术"赋予了展示权威性，也创造了日常的框架和边界。当下，各行各业的"专家"形象都是在"抖音""映客"上指点江山，教导公众关于日常生活的知识和概念。

现代形式的治理目的就在于空间的殖民化与理性化。面对直播中，主播日常生产内容的"奇思妙想"，被临时性打乱阵脚的相关法律不停地为网络直播改写、更新及扩充。2016年4月13日，《北京网络直播行业自律行动公约》在爱奇艺、优酷、新浪等20多家提供网络流媒体直播服务运营商的联合推动下正式发布，公约明确列出了禁止的直播内容。2017年，国家互联网信息办公室公布新版《互联网新闻信息服务管理规定》将直播纳入管理范畴，2018年，电视总局又发布《关于进一步加强广播电视和网络视听文艺节目管理的通知》等等。这些法律措施设置了主播们以日常去重新拼贴、挪用、编排、变化创作的边界，也防止了传媒规划的内部结构和大叙事的主体意识建构被破坏。然而屏幕中的日常直播并不一直是理性的，它努力展示魔法、献祭和奇迹。这在一定程度上突围了关于社会管理权（governmentality）的控制与已知凝视（knowing gaze）的规律。

网络直播间中并没有清晰的主播/受众二元的权力结构，拒绝了以传统"演出"故事情节作为动员的形式，部分的即兴表演和互动替代脚本排练，充满变数的日常情感"点子"在这里时时跨过理性化的围栏，试探规则条例的疆域边界。

嗅到网络流媒体直播可以作为一种新形式的创作材料后，2016年起，艺术圈刮起一阵阵以网络直播为素材的作品创作高峰期。如某艺术家试图通过网络和手机直播整形丰胸手术，将手术室化为行为艺术展厅，以"和手术者共同开启关于'棉花糖丰胸'直播的行为艺术"作为广告语展示所谓的当代艺术作品。还有如"日常反射行为艺术节"的在线直播，标榜"希望打破时间、地域、空间、观展条件等的种种限制"。诸如此类的作品借流行技术之身摇身一变"当代艺术"。然而，当艺术试图将网络流媒体直播当成一种新的艺术材料，所呈现的依然只是艺术家与观众的二级结构，固化了所有参与受众的身份。不能否认艺术家们尝试利用网络流媒体直播媒介打破或质疑"展示"意识形态的初衷，但是类似的艺术作品是否只是为资本的另一种展示锦上添花呢。

在这一章节中，围绕关键词"展示"，阐述建构"展演性社会"的"外"情境展示技术入手，讨论以情感互动为基础的直播技术，从辅助直播效果的媒介形象工程：美颜应用、弹幕,皮肤加持和打赏机制这些新技术如何促进主体性的客体化,形构出资本与技术合体下景观社会的升级形态;再从"内"分析展演性社会如何将无形的奇观应用牢役变成泛起波澜的心灵投射场,以及新的技术媒介环境之中展示性和表演性形成的主体—中介—客体的三元混合认知结构。艺术家陈界仁曾说过:"日常生活是剧场,我们很容易被它的表演欺骗。"公众在展演性的日常中只看到并记住了那些夸张的网红事件和带劲的日常形象,艺术家在其中只看到了炙手可热的艺术材料和可以替代的网红形象。如何使固化的形象翻转,将日常的能量显现,我们必须去理解当下流媒体社会日常中的那些形象。

第三章
日常形象的政治

网络流媒体直播在中国从开始普及到如今时间已经过去7年，公众的日常生活还在被掌握技术的资本和经济决定着。然而流媒体技术驱动所形成的高度以形象为基础，全面视觉化的世界中，除了已经被"套路"的形象，还存在着千千万万暂时没有被当成商机，琐碎的日常形象可能成为展演性社会中的一条"微政治"蹊径。正如艺术作品的材料也曾是日常中的物品和形式，被艺术家创作或改造后，展示在博物馆的空间，于是成了艺术品，放置在橱窗和画廊的空间，又成为商品。过去的形象，关于传统媒介直播、录播，播放内容的文字创作和编辑，主播的形象、吐词、表演的素质训练，以及摄像机图像编辑切换的线性技术要求；新型网络界面下，随机形象的日常生活、政治动员、明星奇观平行并列在模块窗口，等待被受众的鼠标键宠幸。日常的空间在这些形象身份的幻化中可能存在其他的打开方式，如何通过一种日常的展示来破解当下数字资本主义的隐藏术？在本章节中，研究将围绕关键词"形象"，分析烹饪类美食主播的历史变迁、意义承载、名人的形象经营等，去揭示在政治属性的技术创造下,形象如何塑造权力,成为知识。笔者也试图以艺术工作者具体的艺术实践去推动想象日常形象的边界,撬开关于日常可能性的一角。

第一节 抽象的形象生产者

2020年新冠疫情开始爆发，到了2022年续写这本书时全世界累计已有死亡病例上万，经济受到重创，公众开始宅家办公，钉钉、腾讯会议、Facetime、Zoom的技术缩短了现实距离。我们熟悉的客厅、咖啡厅、卧室或者车库成为会议背景，我们不应忽略这些先进技术对于残障人士和无法参与旅行、受疫情影响无法正常工作的人们带来的帮助，但也无法忽视会议、工作、日常的无时无刻在线。互联网先驱约翰的早期宣言早就被资本与技术合谋的现实击破。

鲍德里亚认为，世界拟像化是因为拟像和仿真物大规模的类型化并取代了真实原初的东西。真实在超真实中沉默，通过另外一种复制媒介，真实就在这其中挥发了。电视里医生、律师、消防队员的形象宛如真实，电影《妖猫传》里的盛唐模型比历史中的更加可信，电视剧《还珠格格》里容嬷嬷在现实中走到哪都会被归于坏人。公众一边知道那是日常生活边界线外编排的故事线，一边被媒体告知我们关于身份形象的知识。

所有的抢劫、劫持和类似行为都好像仿真抢劫，因为它们事先被刻写在媒体的解码盒编码仪式之中，预演了他们的表现方式和可能的结果。简言之，它们发挥一套智能重现为符号的功能。[1]

各种漂浮着的"能指"一直循环着，在电视屏幕中我们能看到一场场外科手术般干净利落的战争。

媒介权力对人"自主性""自由意志"的消解使得我们的知识和身份的形成受制于媒介，我们还未离开丹尼斯·史密斯（Dennis Smith）在《齐格蒙特·鲍曼传》[2]里讲述的关于现代"笼中人"的神话，它隐喻现代社会人生活在被科技锁链打造的栅栏中，离开了生活指南，人们就会恐惧和绝望。笼中人平时快乐惬意地生活在电视机、录像机和CD—ROOM制造的声音和图像中。快进到社交媒体与流媒体社会，受众仍然生活在接收象征性信息的环境中，依赖智能手机、平板电脑将具象、细节的现实变成抽象的符号、文化象征和形象，并得到前所未有的展示。

---

1. 让·鲍德里亚（Jean Baudrillard）：《仿真与拟象》汪民安编，《后现代性的哲学话语》，杭州：浙江人民出版社，2001年，第334—341页。
2. 丹尼斯·史密斯(Dennis Smith)：《齐格蒙特·鲍曼传》，萧邵译，南京：江苏人民出版社，2002年。

一、美食主播形象的演变

节目名称/主播	播出平台	语言	空间	受众	主播类型	内容类型	播出时间	受众评价
天天饮食	中央电视台	普通话	室内拍摄棚	特定受众群（家庭主妇、退休者）	主持人刘仪伟、董浩等与专业厨师合作	养生主题教学	周一至周五上午	男主持亲切,烹调内容实用
十二道锋味	浙江卫视	普通话	室内或外景拍摄地（国内、国外）	明星粉丝、70/80后	明星谢霆锋及每期的重量级明星嘉宾	对话,每期含特定主题,特邀嘉宾,内容重文化、风俗介绍	每周六晚22:00	明星阵容豪华,旅游综艺节目
香喷喷的小烤鸡	某直播平台	普通话	自己住处	80、90后受众居多	年轻网络直播用户	日常闲聊主题,注重互动性	每5天直播一次,也做录播	全能男神经,帅且搞笑,教的饭菜容易学,也好吃
陕西老乔吃货	某直播平台	方言居多加插普通话	自己住处	各阶层受众,粘性强的受众为80后	中年网络直播用户（退休干部）	通俗直白语言的教学及少量互动	不定期,也做录播	真实、不啰嗦

图1 媒体流变中烹饪美食类节目中的主播形象对比

以中国烹饪美食类娱乐传播节目为例,我们可以从其个案的研究出发观察形象的演变,并厘清形象在不同媒体空间当中的定义。(图1)中国烹饪美食类娱乐节目诞生于20世纪80年代,最初以烹饪教学的形式为主,之后走向竞技、娱乐真人秀形式,涌现出《十二道锋味》《拜托了冰箱》《星厨驾到》等一系列美食综艺潮流,让粉丝看到明星的做菜功力,以及明星所喜爱美食的制作过程,唤起明星身份以外公众身份的真实情感反应。同时,明星们通过展示屏幕形象背后"真实"的个人生活,来彰显真实可信的明星形象。先让我们回到1999年2月推出的家喻户晓的电视类烹饪教学《天天饮食》

（图2）节目，录制现场为模仿居家厨房餐厅的固定直播间，主导节目的主持人以"厨师"的形象示人，系着围兜，戴着厨师帽，在真实的专业厨师旁边讲解做菜的流程，提问相关的烹饪细节问题。专业菜品的完成全部由主厨或者主持人完成。因为可以通过此类节目实实在在地学习到烹饪知识，这种美食节目直至当下依然拥有广大的受众。以传统媒体为中介的美食节目由于受时间限制，一些非必要环节如烧水、洗菜、切葱蒜配料、食物解冻的过程等都不会完整地记录，只留下影响理解的必要流程画面。主持人大都通过精略的语言描述，或在节目最后通过字幕方式记载所用食材的用量和配方。

图2 《天天饮食——胡椒牛肉卷》2010年第273期 中央电视台

《天天饮食》受众群体大多为家庭主妇或退休者等非上班族。16年间（该节目2015年停播）虽历经不同版本更新，主持人往往由有"妇女之友"形象、幽默风趣的人选担任，如刘仪伟、董浩等，选取的食材也大都是家庭主妇可以在菜市场买得到的。制作流程以煎、烹、炸等为主，其间还会教导观众如何饮食更加健康。节目改版后从一个厨师主持人变成主持人与专业大厨搭档的形式，菜品也不局限于家常，而是增添创意菜。主持人既扮演专业主持人的形象，同时扮演美食、营养专家的角色。该节目定位是"满足现代人对生活品质的追求，将厨艺与饮食文化结合"，在节目最后出现的字幕中加上关于菜品的营养介绍。改版后的《天天饮食》更是加上了相关专业人士的点评，增设报价环节，贴合实际的经济需求。该电视节目一改日常教学类节目通常由女性主持烹饪节目的模式，选择塑造"煮夫"形象，也是当时唯一一档日播美食节目。节目成功的原因归功于和当时的其他纯教学类节目相比，节目流程新颖有趣，主持人的个性化主持风格，语言俏皮，相比严谨的播报风格更贴近生活。

图3 《十二道锋味2》2015年第5期 浙江卫视

进入21世纪之后，大众媒体之间的竞争也呈现白热化趋势。中国一时间出现了数千家电视台，形成不同种类的主持群体。激烈的大众传媒竞争格局促使着电视行业积极打造新的节目品牌，以留住不同年龄层的受众群体，甚至以网络传媒企业的模式去研发制作，让娱乐明星去扮演主持人的新模式综艺节目应运而生。以《十二道锋味》(图3)为例,为娱乐明星塑造新的社会角色——"美食专家、厨师"。在介绍明星专业厨艺基础的同时加强节目娱乐性和情境化,节目组不仅展示菜品的制作、搭配和摆盘,同时邀请重量级娱乐嘉宾品尝食物,融入各国的风土人情,成为异类的明星真人秀。主播为明星谢霆锋,一直以桀骜不驯的性格为名,精通电影和唱歌,同时也是成功的商人。此节目为他创造了另外一个个人形象"厨神"。节目中,他准确流畅地通过语言表达每一道做菜的流程,用生动的异国文化知识,与特邀做客明星之间的日常互动加强受众粘性。谢霆锋及邀请的明星嘉宾自身的闪光气质突出赏心悦目的人物外形,单一的做菜教学模式变身平等的对话姿态。主播及来访嘉宾之间的对话沟通不仅可以使受众窥见明星主播与私人好友如何互动,同时塑造明星自身亲民的形象。该档节目并不设置固定静止坐在对面的受众,因为大都采取外拍、非固定室内场景。节目的定位是"谢霆锋变成暖心主厨,邀请明星朋友一起遍访世界美食,寻找美食背后的故事,共同开启以美食为载体的心灵之旅"。每一季共12期,因为并不是日播节目,因此每一期的剧本策划、海外拍摄、故事与故事之间的情节串联都被编导完美编排。

教学烹饪类节目对于主持人的要求大都是

平易近人，大方沉稳，语言生动庄重，既显示厨师的专业权威性，又能在表达上做到通俗化，外形贴合家庭妇女受众对于专业型主持人形象的认同。综艺类的美食节目则重在表现主持人形象的多样性，主持人多选用已经有一定屏幕影响力的明星，在节目中展现他们演艺才能之外的厨艺及生活能力，通过明星口中的日常分享，受众可以想象明星的私人形象。从《天天饮食》到《十二道锋味》，我们可以看出受众喜爱的美食主持类型一反社会传统煮妇的家庭形象，以男性进厨房形成反差，且具有一定个性、幽默、风趣的内在形象。从做菜的专业知识上来说，美食主持人又能够使用通俗易懂的语言解释专业知识，不失庄重，具有可信度。口语化的表达也符合日常类节目特点及大众思维习惯，表达效果准确、生动、鲜明。

图 4 《继续刚刚的直播做饭！下面给 nG 吃！——香喷喷的小烤鸡》 2016 年 一直播

以网络平台为基础的烹饪类美食娱乐节目展现了完全不一样的传播系统，直播中，将主导整个做菜流程和实际操刀手称为主播,而非主持人。因为不同于传统媒体中串联叙事流程的主持人身份,主播更注重过程中的实时性反应。网络直播平台的自由类美食主播往往是因为主播个人特色鲜明,或者某一特定事件引发众多受众对其感兴趣而成为网红主播。美食类主播又包括烹饪、美食探店、大胃王等不同内容类型。日常流媒体直播中较有特点的烹饪主播有"香喷喷的小烤鸡(图4)""野食小哥""办公室小野""陕西老乔吃货(图5)"等。以他们的直播间为例:视觉体验包括室内或户外空间背景、主播和食物,听觉体验则包括环境音、咀嚼声等。主播会将整个烹饪过程实时展示,同时在流程上更多以调侃的实际操作而不是精确的讲解为主。烹饪类的直播内容相较于大胃王或者美食猎奇类特征的日常直播,受众较少,原因是大部分受众认为此类直播延续传统媒体时期美食类节目的模式,或内容上的奇观性较小,因此在年轻的受众群体中需求相对不多。主播介绍食物时会使用更务实、琐碎的形容词描述食物口感,让受众形成更贴近自己的想象体验。比如网红烹饪美食主播"香喷喷的小烤鸡",作为一名年轻男性主播,经常以下班后的日常穿着示人,主播本人使用补光灯及手机支撑架拍摄,让受众直接看到个人厨房及客厅。同时,他也在直播中让自己的女朋友或同性友人参与直播互动,将完整的私人生活展示，实现粉丝的娱乐窥视诉求。主播擅长与受众互动，愿意聆听受众的声音并让他们觉得"我的意见很重要"，受众也可以决定主播做菜的内容及穿衣类型，获得拥有主导权的满足感和愉悦感。主播成功将自己打造为外形姣好、厨艺精湛、生活态度积极的时代年轻男青年形象。

图 5 《制作油泼面——陕西老乔吃货》2018 年 一直播

"陕西老乔吃货"也是烹饪类美食主播的典型代表，他并不符合对明星、网红主播的惯常设定。直播时，往往是主播老乔（退休干部）的儿子手持手机掌镜。第一幕总是会出现手持镜头没抓稳造成家庭空间倾斜和晃动的画面，老乔夫人偶尔出镜。老乔直播时会用方言在必要时刻解释所制作陕西特色食物的技巧，但是他言语较少，直播中主要以其儿子（画面中不出现）的普通话画外音介绍做菜方法，与受众互动。主播讲解食物配料和材料不会精确到克或者数量，"一勺""一爪子"这类相对粗糙的词语时常出现，互动也以临时性的解答和补充居多，每次的直播时长大致为1个小时。直播中如果镜头单一时间长，比如和面，儿子会将镜头拉伸到一旁母亲的中景画面或者解答受众问题。当新的受众出现在直播间，老乔的儿子会重复性解答做菜步骤。受众的弹幕回应一般是赞扬老乔手艺、提问相关食材，甚至提及有没关火关电等问题。每次完成食物制作后，老乔会将镜头转移至餐厅进行吃播，吃的同时也不会与受众有过多互动，只会微笑着用方言说"美得很""再来一掰蒜""字太快，只能靠儿子念"。仅当有时喝了小酒，主播才会主动和受众互动，但多为重复类别的聊天话题。受众也会帮主播出主意，比如让主播买平板电脑看得清互动字幕，等等。对于受众而言，老乔并不属于会制造奇观内容的网红直播类型，而是创造了关于刻意勾连起家庭情感线索的亲人形象。

二、"主播"与形象

电视中，往往将负责直接面对观众、处于节目的主导地位者称为主持人。《新闻工作手册》中定义"主持人是以他自己的身份、自己的个性，直接面对听众或观众的人。主持人在节目中处于主导地位。他的主要职责是组织串联一次节目的各个部分，也可以直接向观众和听众传播信息或解答问题或介绍知识,或提供娱乐,总是以第一人称"我"的口气,与听众或观众交谈"。[3]这里区分了主持人和播音员(在电视或广播中播读新闻和信息的人)的职责。而综艺节目的主持人常翻译为 host(原意为主人)。到了20世纪50年代,随着电视节目类型的多样化发展,首先在美国出现了主播的称谓,指称电视出镜中的佼佼者,Anchorman(原意为接力赛跑中跑最后一棒最强的运动员)。区别于播音员,主播的特点在于陈述自己的看法,常见于实时新闻评论类节目;主持人多见于播报大型晚会,或针对性采访嘉宾节目中出现。随着时代对主持人的素质及社会形象要求,主持人也不再只是串联节目流程和传播信息,他们个人会形成独属于自己的主持风格,并在节目中表达个人看法。传统媒体中的主播／主持人形象通常由个人形象和集体形象构成。其中个体的形象包括:个人的表情、姿态、思维方式等。集体形象指的是节目、频道、城市等的形象。发展到流媒体社会,网络直播平台的主播并没有受过严格的主持人或主播训练,大部分节目没有固定的上播和下播时间,节目主题、语言的准确度和流畅度以及脚本都不受限制,多凭自己的喜好感受场面的节奏、时间和流程,优秀的网络主播则可以游刃有余地吸引和掌控直播间的用户们。

  最早的电视主持人常有统一的主持定式,

3. 任远:《论节目主持人》,《现代传播—中国传媒大学学报》,1986年第2期,第6页。

形象趋同性很高，缺乏个性。20世纪90年代后随着电视节目的内容和种类的爆炸式增长，方言类主持节目获得许多受众的关注，主持人和主播形象也开始拥有个性化，最主要取决于主持人服务的节目属性。主持仍多以亲切、自然、朴实的风格调动受众情绪。由于电视线性播出的特殊性，主持人的言行、饰品、手势、发型都通过电视镜头的切换来展示，也带动了受众去观察节目中受众希望看到的细节。中景、全景的镜头切换展示节目的综合形象，做菜的近景则是展示主厨的专业能力，共同构成节目的整体形象。主持人的形象塑造是否成功，不仅是个人形象的好坏，还涉及电视节目及电视台的整体形象。主持人外在形象必须服从节目需要，与时代、场合相匹配，并且必须是个人形象、节目形象以及传媒企业三层社会形象的复杂组合。由此，我们可以推导出，传统媒体时代屏幕中的形象往往是经过特定模型塑形后，符号组合拼装的意义体。"作为一种社会形象定位出现的主持人塑造的形象是由塑造—认知—反馈—再塑造的基本循环过程。"[4] 主持人的外在形象经过传统媒体产生受众认知，之后形成认知反馈，而认知反馈又会作用于主持人的形象再塑造。外表是影响受众对主持人形象评价的直接因素，包括声音、长相、穿着、形体等。基于阅读主持人的外表信息，其次是主持人的业务能力，受众会产生不同的评价。

4. 李冬冬：《试论我国电视节目主持人的形象塑造》，南昌大学，硕士学位论文，2007年。

随着大众传媒的普及，受众对主持人的社会角色也有要求，比如节目之外的修养，或者在节目中透露出的符合受众喜欢的风格及体态。

形象由信息总和的综合展示构成，包括着装、表达、生活方式、社会活动，等等。今天，经营形象比社交本身更重要。正如《十二道锋味》，明星的形象在流媒体时代比传统媒体时代更立体更多面，因为他们可以利用不同节目塑造自己的多样形象，荧幕形象之外还有社会形象，多数明星会选择延续自己的荧幕形象，或者塑造更加朴实、有趣的相反印象、慈善形象等。网络直播也是构建明星形象的媒体文本形式之一，明星和网红的直播行为是有意识、有策略的行为。网络直播平台是他们重要的宣传阵地，也是他们拉近粉丝距离、增加曝光度的免费信息发布会现场。流媒体技术发展下，社交媒体的多类型应用平台改变了明星建构形象的方式。不论是营造与荧幕形象一致，或者反差的多样形象，这都是明星们为了获得正面反馈，赢取更多粉丝的方法。

日常生活中，个人总是会根据他者的外形、语言、声调、口音、发型、头饰等对其主观分类、评价，这种评价或者判断就是客体给主体留下的"印象"。"印象管理"在社会学中的含义是指"个人在人际互动中，透过语言或非语言信息，企图操纵、引导或控制他人对自我形成某种良好印象或有利归因的过程，目的在于创造良好的人际关系或产生某种影响力。印象管理是社会的基本事实，每个人有意无意地在进行印象管理"。戈夫曼提出每个个体都会为了适应和满足周围环境产生角色期待，因此印象管理变成必须。但形象不止于印象，它不仅是指从主体看客观对象，在主体心中形成的整体心理意象，更注重的是引起的感情体验。不同于个人形象的塑造通常在私人的生活空间展开，电视主持人或是网络主播群体的形象塑造往往在更广的社会活动空间中进行。他们需要通过外在和内在条件塑造良好的形象。外在条件包括容貌、音色、体态、言行举止、衣着打扮等因素。内在条件则包括学识、专业、修养、气质等，即主持人/主播内在形象特质的外化。如《天天饮食》《拜托了冰箱》节目的主持人沈浩、何炅，他们需要根据节目的种类去树立合情合理的内在和外在形象，且同时受到企业形象的制约。网络主播的形象管理则分成两类，一类是签约主播，他们内/外形象管理受平台制约，需要在屏幕前呈现适宜资本发展和生产社会影响力的理想形象。另一部分个体类的自由主播如老乔、香喷喷的小烤鸡等则是更关注于自身欲望主体性的形象塑造，而非完全受社会界定的单一理想形象限制。

美国学者沃尔特·李普曼（Walter Lippmann）的著作《公众舆论》，不禁让我们思考何为媒介下的形象工程。"我们每个人都是生活、工作在这个地球的一隅,在一个小圈子活动,只有寥寥无几的知己。我们对具有广泛影响的公共事件充其量只能了解某个方面或者某一片段。和那些起草条约、制定法律、颁布命令的显要人物一样,被要求接收条约的约束、法律的归法和执行命令的人们,也是实实在在的人。我们的见解不可避免地涵盖着要比我们的直接观察更为广泛的空间、更为漫长的时间和更为庞杂的事物。因此,这些见解是由别人的报道和我们自己的想象拼合在一起的。"[5] "每个人的直播平台""记录世界、记录你"直播平台的内容逻辑就是展示"我"(用户)。"映客"直播平台的推广宣传片内容大意为:即使是平凡的你,只要注册成为直播平台的用户,就可以从其他主播的镜像中发掘与众不同闪着光芒的自己,同时也可以成为自信且万众瞩目的主播。(图6)

图6 映客网络流媒体直播网站宣传片截图

"每个人的直播平台"—斗鱼口号

"泛娱乐直播平台"—熊猫直播

"中国领先的弹幕式互动直播平台"—虎牙

5. 沃尔特·李普曼(Walter Lippmann):《公众舆论》,闫克文、江红译,上海:上海世纪出版社,2006年,第65页。

"纪录世界纪录你"——快手

"美女直播，满足你对直播的所有幻想"

——一直播

——各网络流媒体直播平台口号

不论何时，受众的形象喜好都在不断变换，不同个体感受也千差万别。受众的情感认同即满足个人归属感的心理机制，是对某一对象认可、模仿，将自我情感对象化的投射过程。主持人／主播形象以受众的情感认同为形象塑造的根本原则，因此得到受众的持续情感认同成为主持人／主播不断提高自身形象塑造能力的必要条件。伴随网络媒体的介入和发展，在爱奇艺、优酷、腾讯等平台自制综艺节目的冲击下，传统媒体在流量战场上节节失利，不得不开始转型，节目也呈现全面娱乐化的特征。主持人／主播被要求思维活跃、语言表现力丰富、幽默、风趣，要带有强烈的个人气质标识。即使是美食类、鉴赏类等专业型节目也需要增加娱乐性因素，因此诞生了一系列衍生的品牌主持人／主播。品牌主持人／主播由于有固定粉丝支持，相应节目也产生稳定的收视率。受众会因为喜爱某品牌主持人，而连带喜欢背后的网络／传统媒体企业。企业自身会运用一整套运算的公共关系帮助建立和推广品牌主持人的形象。比如拍宣传片、设计照片卡、安排见面会，等等。这些以主持人／主播为核心的宣传活动都旨在将他们的形象"明星化"。

流媒体网络直播中自由类主播和网红主播的最大区别在于网红主播大都擅长形象营销,从设置夸张的直播标题到与受众互动的积极反馈,在迫切找寻情感认同的粉丝和受众面前拥有极高的互动热情。网红主播会积极主动地引导受众点赞刷礼物,这种亲切的互动关系也会使粉丝大受鼓舞。自由类主播往往直播不定时,以打发无聊时间及获取情感认同、重建主体性为目的。如果说传统媒体节目偏重内容的生产,那么在社交媒体冲击下明星加盟的节目是经过精心包装、仔细剪辑完成的娱乐节目,明星与网红的网络直播则偏向社交互动而非实际的内容生产所带来的利益转化。反观,自由类网络主播往往是以社交互动所带来的情感认同和主体性重塑为初始目的。凡是流媒体直播平台注册的自由类主播(任何用户),都可以在平台上扮演现实中无法成为的欲望形象,可能得到现实中无法得到的情感关注,也可能被赋予现实中无法得到的权力和身份。平台一定限度地给自由类主播足够的创造自由度来完成不同形象的塑造和自我赋值。

过去以社会规范(norms)作为标准和前提,呈现经过精心设计的理想的、完美的形象,在流媒体技术的发展下,直播中的形象并不完全以社会规范所认为的理想形象为蓝本,而是以带一定弹性的"情感认同"为标准,网络直播

三、主播形象的文本生产

网络流媒体直播中的主播形象共有三层文本生产，作为传统媒体时代的形象消费者——受众，在流媒体时代积极转变为主播形象的生产者，直接参与其形象的文本生产。主播形象的第一层文本生产为主播通过摄像头以"引导"的方式将容貌、身体、环境、动作、语言、表演、互动事件，呈现在受众面前的所有文本，给予受众产生以特定主播为依托的"形象语境"（Context of the Image）；第二层是受众以协商的方式基于主播的直播内容，以弹幕、评论、打赏的形式回应主播所形成的"理想化"主播形象的文本再编辑；第三层则是主播根据受众的选择性接受，以增补的方式再次即兴调整形象文本的生产。

在第一层文本里，受众会根据主播的五官、妆容、穿着等将主播的形象类型做初步的范围划定，通过主播名称、动作、姿势、说话语调等判定与其外形的一致性，并决定主播的形象类型是否处于情感认同的接受范围。主播在塑造形象时也会协调各因素之间的一致，以确保受众相信其真实性，同时也尽量满足受众多层次的审美需求。头部主播[6]往往更具有鲜明的特征：外貌、性格、标识性的语言风格、特殊

6. 头部主播指的是礼物收益高、粉丝多的主播。

的口头禅等。第二层文本当中,受众作为"赋权"的个体,通过信息的互动和发表,对主播形象的自我建构进行解码和再编码,以第二层的文本生产完成对主播形象和自己主体性映射的主动建构,同时也期许更高的情感体验与情感认同,其中前文提及的声音、人像滤镜、打赏动画、私人空间背景等欲望的人工铸件,强化了受众和主播之间的情感共建。

"这世界上肯定存在让人上瘾的代码。"——拉姆塞·布朗(Ramsay Brown)关于欲望的多巴胺实验室[7]就是建立在这句信条上的。任何用户行为都能通过他们的设计实现延长用户使用时间并加强情感体验。这些"定制服务"接入企业App的后台,帮助追踪用户的每一个行为和喜好,在功能操作的关键时间点设计"奖赏"——悦耳的声效、虚拟币、打赏的"豪车"礼物、点"赞",提高用户的留存度、打开率和停留时间。用户变成实验室里的豚鼠,不停地摁按钮,然后收获"赞"作为食物。多巴胺调节欲望、产生满足和奖赏,是大脑奖赏机制中一系列复杂生化反应里最知名的物质之一。从基础的生理满足(食欲、性欲),到内在的愉悦和快乐,再到达成目标、受到肯定等,都能让欲望的奖赏机制工作,无休止地向用户供应情感性满足。在第二层级的形象文本生产里,互动获得更高的情感回报和更强的情感认同。网红或头部主播们深谙多巴胺原则,

7. 多巴胺实验室指运用神经科学理论,结合人工智能机器学习,使用多巴胺效应让用户对应用上瘾。实验室为各种应用定制服务:在一些关键的地方和时间点设计"奖赏",比如不断或物质或精神的惊喜和奖励,从而提高用户的留存度、打开率和停留时间。

比如女主播会故意假装不知道炒菜的步骤,和配料的分量,引来受众英雄救美式的弹幕指导抢答。有时受众也可以因期待不同的事件结局而主动误导主播。甚至还有仅仅来自受众对于主播到底能不能将满桌子食物吃完的赌博式好奇。在第三层文本生产中,主播们往往通过更口语化的语言细节增添亲近感,以自我调侃、机智、尴尬的互动加强颠覆、巩固、反叛或者解构了原"英雄""美女""有趣的人""憨厚"等不同的标签形象塑造。

类型	时长与背景	主播内容	主播收入	形象特点
明星主播	时间不固定,背景通常是生活场所、公司	私物推荐、商品介绍、粉丝互动	两种计费标准,单个产品加佣金另算,或者专场打包价。从10万至百万人民币不等,依据明星的受欢迎程度定价	体现形象的娱乐性、消费性。与荧幕形象接近,或更"真实""正面"
网红及兼职主播	时长或时间固定,直播平台自制房间	才艺表演、电竞、美食、好物介绍、闲聊	多与平台签约独家协议,底薪加上打赏分成和广告代言,千元至万元人民币不等	体现形象的娱乐性、消费性。生产"知识技能"有一定剧本流程。主播淘汰率高
自由类主播	时间不固定,背景通常是日常生活场所	日常生活、闲聊、美食、好物介绍	无固定收入,少部分主播可获取广告收益和销售佣金	直播目的性不强。大多满足窥视欲、好奇心,排解闲暇时光

图7 日常主播形象类型特点

三个层次的文本生产相互渗透、反射,受众和主播也都参与每层形象文本意义的深化。(图7)明星及网红主播一般实现保持第一层和第三层文本的互关性,拥有统一的公共形象,同时受众也相信主播主动构建的两层文本关系的统一性。第三层文本是针对第二层文本当中受众对其形象建构的回应和巩固。自由类普通主播不再限制于既定的容貌类型，他们充满着明星没有的"缺陷"，可能携带地方口音、肢体不协调、长相普通、表达逻辑性不强，将过往认知的，可以被迅速识别、分类和抽象化的屏幕形象"祛魅"，以亲近的、普通的形象拉近与受众的距离，在不断的闲话家常中获得群体认同。不能忽视的是，第二层文本当中的互动弹幕也使得部分主动回应的受众变成了"主播"，参与第二层和第三层文本的形象生产，建构着受众及主播的欲望形象，激活了受众对于被情感经验包裹、琐碎日常的深度体验。

形象文本生产过程所涉及的设计、塑造、改写、编辑和交易、评价等所有步骤都可以在流媒体直播的单个直播间内完成，正如媒体社会、工作和日常生活被紧密粘合压缩在一起。不仅被压缩，附加着齐泽克在《幻想的瘟疫》中提出数码化生活所带来的抽象化，使得幻想作为一种主体补助的方式，产生了"被动交互性"[8]（interpassivity）的主体。今天形象的文本生产使公众盲目，并非指它们的非真实性，或者仅仅是指主体通过他者的被动存在，更重要的是，形象被置于日常的处境中，公众不再敏感于真实物理环境下发生的日常，只有通过屏幕播放的主播的日常形象才令人垂涎，而真

8. 被动交互性指的是主体与客体互动的过程中，有时会把情感经验转移给客体，而客体被动地代替主体忍受或享受它。在这一过程中，主体转变为被动者的消解主体性过程。

实的日常则被认为是毫无生趣的。具象的日常经验变身伪具象的形象类型，主体(the subject)变成被建构的主体(a subject)，正如福柯所说的"主体在被奴役和支配中建立起来"。鲍德里亚生活的传统媒体时代通过广告组合两种意义的选择，现在则是上亿种形象意义的选择，公众必须学会阅读这些媒体技术奇观制造的形象并发现背后隐藏着的生产机制。直播间作为魔方般形象的文本生产车间，也折射出众人交际关系的镜子，形象所映射的不只是个体"主播"和"受众"的关系，还有自我的关系，不只是人和人的关系，还有人与日常的关系。网络直播已然逐渐超出展示空间的意义，成为生产的第一现场。平台总是会看到公众想要了解的日常，营造出让用户舒适的"共识性"小环境。按安东尼奥·奈格里（Antonio Negri）的想象，诸众的唯一出路就是出走、创造自己的工作、生产自己的生命政治。只是这时流媒体直播上场，资本主义的实质吸纳抵达日常，公众只要学会经营自己，更准确地说是经营自己的形象，所有的生活与社交关系全部可以生产，营利，日常形象的新传销产业成就了无数草根白手起家的故事。

公众进入一个不懂奇观就不懂日常、不懂形象生产就不懂现实的时代。直播中的形象塑造影响着对日常概念的理解。日常又通过流媒体直播中形象的文本生产被奇观化、唯美化。

德国艺术家黑特·史德耶尔（Hito Steyerl）曾在一次公共演讲中提道："数码形象(digital image)"——它们是"闪亮的、不死的、对于自身的克隆"。今天的流媒体直播平台提供的不只是界面而是以这些"克隆人"为单位的生存环境，所有事物以云表演的方式交融，公众面对的日常充满着形象类的星丛。不管是卖力演出或是真情流露，形象组合的碎片作为日常的流通手段，公众经历的不过是形象不同版本的文本生产。

四、作为商品的形象

2015年起，各类品牌厂商争相开起直营网店。"网红经济"成为义乌市这座小商品城市当时20万中小企业对接市场的新催化剂。甚至发掘并培养"网红"主播成为当地唯一高校义乌工商职业技术学院的办学新方向，其早在2009年就率先开设创业班，指导学生在各大电商平台经营网店。数年间，一批学生创富神话使其赢得"淘宝大学"名号。像这类的网红培训屡见不鲜。2016年，如果你在百度搜索"网红"二字，就会发现置顶的几条链接都是网红培训的各大机构广告，推送标题诸如"网红窝——中国领先的网络红人申请和推荐以及商务推广平台""网红界最火的10位主播，直播收入已过亿，知识、颜值都是收入来源"，等等。网红主播离不开直播平台的营销渠道。受过娱乐公司签约直播培训迅速蹿红的可能性和沟通技能的高效提升,催使希望成为网红的公众更倾向选择快速抵达彼岸的方法。网红主播的"粉丝"黏性强,是各大直播平台的流量保证,因此其他平台往往会开出高额年薪以期望"网红"们跳槽到自己的平台开播。主播之间的收入相差十数倍,因为受众流量决定收入。主播经纪公司依据"粉丝"数量、受众流量来安排各个签约主播的出场时间。晚上8至12点的"黄金档"置顶模块只有月收百万礼物的主播才能占据。而其他签约主播尽管只有百余名观众,还是需要按照经纪公司制定的演出日程机械式地完成固定表演。新主播每月有3000元人民币的底薪,但是若在3个月内不能积聚到每日上万观众量,也会迅速被淘汰。商品化形象的建立和毁坏都在一瞬间,有时民间的"朝阳群众"一旦发动,创造的形象帝国也会立即瓦解,且是排山倒海、再不复归式的——比如陈一发事件。[9]

受众愿意看到演艺明星走下神坛的日常形象,特别是如何处理普通公众日常才会遇到的柴米油盐的人生课题,在心满意足的符号消费中翻转了权力机制。与过去电视市场受众被动分配的主流意识形态不同,受众主动生产情感认同和欲望想象,演艺明星们主动参与到日常生活的话语实践当中。明星或主播通过直播

9. 电竞军团:《陈一发被<人民日报>点名,斗鱼将对所有主播启动爱国主义教育!》,https://baijiahao.baidu.com/s?id=1607564006664515306&wfr=spider&for=pc,2018年。

将自己塑造成为"他者"的形象,受众则用自我想象及二次建构生产赋予他们所认为的主播的主体展示(实则他者)意义。明星及主播的形象依赖于流媒体直播技术即"一镜到底"性的真实感和突发的偶然性堆砌出"象征性的现实",在网络直播的实时性情境体验空间营造下,双方都确认彼此通过那一道屏幕、媒介技术进入了互通的身体空间、时间隧道。公共的情感和私人的、社会的身体在此隧道压缩、重合、交换,看不清楚界限。约翰·菲斯克(John Fiske)对美国明星麦当娜的形象如此描述:"当她在一些男性中间流通时,她是获得窥视快感的对象;而对为数众多的少女歌迷来说,她又称为赋予权力与获得解放的行为人……麦当娜成为一个复杂的文本。"[10]明星的复杂形象生产始终围绕消费资本的核心环节,因为明星可以被看作流行文化的价值偶像和楷模,不论在大众媒体或社交媒体中,他们不只是被投射的身体,还是作为商品化的形象存在。资本在媒体的发展中重构了劳动过程,迅速将劳动变成商品符号并增值,比如商品代言,好物推荐引发受众的同款消费欲望。流媒体直播将签约网红类和自由类主播的形象也助推为商品日常的众神。主播形象会根据规则、受众互动和情境展开不同的策略拼装。在相似的或完全未体验过的生活经历和职业想象中,通过琐碎的情感互动与购买同款的有机黄瓜、祛黄面膜,受众

10. 约翰·菲斯克(John Fiske):《理解公众文化》,王晓珏、宋伟杰译,北京:中央编译出版社,2001年,第132页。

也参与了不同的生命体验，获得情感认同、发现意义，并获取对于主播形象内化的投射性满足；自由类主播成为可欲的客体。

"商品明确地提供了这种（梦的）意象；作为盲目崇拜的偶像，既是房屋也是星星的拱廊街也提供这种意象。"瓦特·本雅明（Walter Benjamin）已经意识到商品正是物的形象，公众可以只靠欣赏橱窗中的商品来饱腹。在橱窗里，商品、背景空间，还有射灯等装置建构出的场景，不只是展示，更是将物品上升到膜拜价值的空间。物品被静静地安置在中央，让它成为所处封闭空间的主角。它的使用价值无法实现，却闪着光芒等待被凝视，这使得它具有了不同于在货柜里等着出售的商品的唯一性，也因此，它对每一个凝视它的人都具有至高的诱惑性。消费者面对商品的迷恋形成，还需要铁和玻璃这些适合展示商品的专门装置将商品之物幻化成可欲的对象，进而将目光凝定在对象上。拱廊街的场景设置不只是提供了驻足消费的空间，还为景观的消费主体建构了固定的视觉关系，为消费者或闲逛者提供了一种观看技术。展示也强调了消费主体性的建构，公众有漫游观看"美丽而昂贵的东西"的日常生活权利。同时通过玻璃橱窗映射的自己的身影展示，邀请消费者在这景观中间建立起消费主体性的观看设定。

马克思主义分析：资本主义通过控制物，

剥夺所有人的意志，所有人就变成产生物的经济工具，只要将人与人的关系都变成物与物的关系，就能控制世间所有的表现（expression）。资产阶级只要把对人的控制转到对物的控制上，就可以把所有人的意志剥夺。身份跟地位不取决于种族，也不取决于出生，完全由公众能够消费什么来决定。映射到今天的混合现实中，我们依然沉醉于在商场欣赏橱窗琳琅满目的商品展示。在实体街道中，闪光的钢铁和透明玻璃及其他各种中介装置构成的沉浸式自拍体验景观店依然留存着，但公众的在线日常也同样开始目不暇接：在手机的屏幕中穿上虚拟的"水晶鞋"；在网红"带货王"的引导下在"淘宝""小红书""唯品会"等线上商店中购买商品，于是出现自家化妆柜闲置一批类似但是不同造型和色号的口红，手机摄像自带Photoshop（修图软件），创造一万种形象可能的样子更加不可或缺。当然，我们也可以剔除实物的商品和专业的橱窗设计师，只要满足欲望的商品形象在，塑造形象的软件应用在，用户就能安心。狡猾的是，对于网络流媒体直播平台用户的认知而言，日本的AV（成人视频）从打光到故事线的产业链才能称之为商品，日常卖弄风情的网络直播却并不属于商品。这类直播提供基于不完整辨识度、可能由口语化的画外音供给额外信息的、有持续性"走心"的情感互动，只不过恰巧在传播中形成高度舞台化和戏剧化的效果，满足观看者偷窥欲望的视觉需要，应该被排除在商品的定义之外。直播中的日常形象提供了受众被需要的情感效果，主播定时或不定时的连续日常直播，以其不断塑造和破坏重塑的角色表演建立了一个长期立体又多变的日常女（男）性形象，而非成人视频中限时且单一形象的想象主体。本雅明强调的漫游者的消费主体性的建构依然存在于当下的混合现实当中，不过消费和商品都隐形在主播建立的形象之下。过去的凝视观看依然存在，只是今天公众更满足于"围观"和"漫视"，因为不再是"昂贵而得不到的东西"，也不再是"既然花了钱就多看一下"的心理。资本进入了更新阶段，网络社会消灭了实体空间的距离，城市空间的拜物教更多建筑在购物平台的意象中。更准确地说，是商品静态的实物展示变成商品形象的"展示"，而非对商品（死劳动）的凝视。综合马克思有关死劳动与活劳动的叙述，在流媒体直播网站上的直播中并没有明确的商品，只有形象的塑造、情感经验分享和日常的展示，商品看似不见了，其实是蕴含于商品本身的拜物教升级换代。当下马克思的这段话依然适用："拜物教是不可能去除的，它就存在于商品之中，存在于任何物与物的交易过程之中。"网络流媒体直播中主播展示的不是商品，不是物与物的交换过程，是整容升级的商品魂之形象、梦想的形象和公众日常的形象。

过去的日常中,情感使得公众产生身体上亲密的欲望,而如今这同样适用于人与技术之间的浪漫,看看直播平台的技术是如何将陌生人变成熟人,熟人变成朋友,如何在"认识"到"偏好"的各个阶段发挥其强大的能量。不可避免地,形象完成了其商品化的仪式。

"消费社会"在今天看来更严峻。列斐伏尔认为资本主义对日常生活的统治,是对公众精神文化的全面渗透。他建议我们要"重新占领日常生活"。他真诚地认为生产性的生活是一种生命(species life),是生产生活的生活(life producing life),公众应该要生产出不被工具化、商品化的日常生活,他用"挪用(appropriation)"的概念指出依然可以重新想象这种生活的方法。奈格里的著作《帝国》[11]《诸众》[12]也在讲述如何生产自己的生命,因为劳力、时间都不属于自己,所以必须重新生产作为物种的生活,而这种生活就在公众的日常生活中。

新闻上,我们已经看过太多"社会占领"相关事件的报道,最终它只是成为被定义的"社会运动"标签。互联网生存被约等于日常生活,自媒体的"自"在社交媒体社会中演变成为"社会性同我",又在流媒体技术的推动下,变成展演性社会中"我的形象"。公众也似乎很难找到这种生产生活的生活,因为资本总是会查漏补缺,用补丁进行更新升级,但是那不代表完全不可行,因为人的日常形象千万,并不一

11. Negri A, Hardt M. *Empire*. Cambridge, MA: Harvard University Press, 2000.

12. Negri A, Hardt M. *Multitude: War and Democracy in the Age of Empire*. New York: The Penguin Press, 2004.

定容易被捕捉、定义。公众可以做的就是使用已有的资料（形象），不停"易容"才有可能松动这片沉积的土壤。当日常随着网络及通讯技术的推动被外部化、公共化，巨大的权力也被赋予普通的个体。回想2016年，当主播们新兴的日常形象展示各类偶发即兴的事件引发国家新闻出版总局频频发布新规应对，对于实时流媒体技术直播这样的新事物，当局并不知道应该如何防御，只能见招拆招。

五、客体化的形象

罗兰·巴特（Roland Barthes）曾经问道："视觉符号意义如何进入形象？"[13] 当谈及电视、电影传统媒体塑造的形象，并不是指演员（actor），而是演员在扮演某个角色（role）所塑造出来的那个"英雄""坏蛋"或者"好人"，是角色背后的那层光晕（aura）。戈夫曼说："无论何时何地，每个人都在或多或少意识着自己扮演一种角色，透过这些角色，我们认识我们自己。"[14] 巴特在《神话学》[15]中还有一段精彩的述评，关于摔跤运动员该如何在前台表演公众想要看到的神话性娱乐，"因为凭借将每一个动作的表演意义推至极限，而全力达成观众对神话的期待"，随着比赛结束哨声的吹响，在后台他呈现最日常的生活姿势。如今，每个个体（用户）都在以社交媒体为中介自我展演

13. 罗兰·巴特（Roland Barthes）：《形象的修辞：广告与当代社会理论》，吴琼译，北京：中国人民大学出版社，2005年，第44页。
14. 欧文·戈夫曼（Erving Goffman）：《日常生活中的自我呈现》，冯纲译，北京：北京大学出版社，2016年，第17页。
15. 罗兰·巴特（Roland Barthes）：《神话修辞术/批评与真实》，屠友祥、翁晋仪译，上海：上海人民出版社，2009年。

非肉身的间接性情感，花大力气去扮演媒体教会我们的"正确"形象。在流媒体技术的助力下，任何人都可以通过夸张化、过度情感化的形象扮演欲望主体，展演自我认定的"向往"的一面。用户主动地通过技术生产自身的形象客体，而抛开现实中生产者的主体，不论是主播或受众都在直播间利用自我建构的理想形象获取自我认同和社会认同，其虚拟的形象客体在社交状态下会被互动的对方误认为是现实的主体，满足于重塑的形象客体最终完成对自我欲望主体的确认，情感内容变得并不那么重要，他者也可以删除。

传统媒体统治体系中策划形象的上演方式，就是把它们置于符合主流意识的内部，排除形象中任何引起异常以及可能延展想象的内容，并将其仅展示在屏幕中，简而言之，把形象简化成意识形态下严格的直指功能。比如，新闻中被计算的战争、暴力或者不幸画面的影像帧数，幸福、安详、美满的画面时长，恰恰是这些计算绘制出了公众所认知的世界。电视屏幕上所看到的大多数是那些"制造"新闻的面孔——权威的发言人形象—主持人、专家、成功人士在解释或辩论事件。屏幕上的"形象"代表"精英"阶层，这意味着为公众挑选屏幕可见物是权威们的工作，比如法国巴黎圣母院的火灾绝不能与叙利亚寺庙被轰炸这一事件相提并论，因为叙利亚寺庙既遥远且从未被成千上万公众听闻。公众对互联网的想象是匿名、多元的存在,它能让相异的人们自我表达,提高公众的社会参与度。直到特朗普在Facebook帮助下赢得大选,公众才恍然大悟,原来社交媒体不仅只发布希望被公众知道的相关信息,还屏蔽了部分相左意见,加深对相同意见的认同感,使公众更加笃定地相信屏幕中的形象。社交网络将全球连接起来的同时,也加剧了其中每个小社群对内亲密和对外隔离的作用。在政治上,社交网络也从侧面巩固了精英阶层的权威性。公众不可能意识到特朗普在Twitter上日记般的形象展示对社会和政治意味着什么。权威通过算法决定信息的呈现,削弱公众对公共事务的参与度,将个体的形象在意识形态的框架内互相客体化,自我客体化,共同造就了不可动摇的权力形象封套。

弗雷德里克·詹姆逊(Fredric Jameson)曾预言:"随着20世纪40年代媒介技术大突破,电视的普及,电影与广告的结合,以及摄影技术的发展,空间范围大大缩小,广告可以通过形象迅速准确传遍欧美大陆,形象的出现和普及必然影响人们的生活。"[16] 网络流媒体直播作为一种21世纪新的媒体技术形态出现,权力早以防范技术对于公众日常生活的影响,并布局通过各项条例将流媒体直播整合、吸纳进统治阶级的意义框架之内,以规定、条例要求的形象规训,快速地将其可能带来的创造性主

16. 弗雷德里克·詹姆逊(Fredric Jameson):《后现代主义与文化理论》,唐小兵译,西安:陕西师范大学出版社,1987年,第202页。

体形象并入意识形态的客体形象框架内。从主流媒体对网络流媒体直播平台刚刚流行时的报道多在于直播内容的乱象及主播的素质低下等问题就可看出此种风向。诸如"莉哥戏唱国歌，触碰法律红线""卢本伟教唆粉丝骂人引全网众怒，言语不堪入耳直指双亲""女生50万打赏主播，为主播疯狂砸钱其母亲不知情"等报道屡见不鲜，这些报道构建了流媒体直播平台内容低俗，主播素质参差不齐，平台内部管理不规范的整体形象。让－吕克·南希（Jean-Luc Nancy）也曾在提出"形象与事物的存在相矛盾"时非常有说服力的声明："在形象里，事物不是简单地满足于存在；形象显示事物是和它是怎样的……这不是一个'为一个主题'的存在（它不是一个'代表'在普通的，模仿意义上的词）。相反，如果你能这样说，那就是'作为主体的存在'……"[17]企业尽其所能地使媒体中所展示的（人／物）商品的固定形象产生，与为销售该商品而编写的广告内容紧密对应，媒介的意识形态正是市场的、权力的意识形态。正如NASA（美国国家航空航天局简称）更像名副其实的宇宙"明星"经纪人公司，只不过他们包装的是宇宙的形象，捧热的是星系探索任务。该形象不仅将文化的想象力资本化，还让更多的社会生产力、科研和教育在潜移默化中倾斜主导某方，使得创造力只是窄化为稳定的项目。

17. Nancy J L. *The ground of the image*, tr. J. Fort. New York: Fordham University, 2005: 21.

虽然制造客体化形象是权力意识形态的目的，但直播内部的生态系统也充斥着激烈矛盾和惊人剥削，这里权力倾轧、投机炒作、金融谋划、隐形操控，在资本虎视眈眈之下，如勤恳采蜜的蜂群般的形象劳工们，紧实地将自己交织进与日常密切相关的多重矛盾中。这个意识形态主导的空间同时也是一个充满共性、能量和欲望的场所，是极具可塑性的世界性戏剧前台。在泛娱乐的日常直播中充满着四处流动的自我推销员、高科技神童、财经高手、魔术师、探险家、博士实习生、快递员等各种形象。哈特和奈格里大力赞成占领运动当中集体的、政治的智慧以及行动的基础，强调肉身聚集的重要性。但是网络直播中那些零散的性感尤物、股票经理、退休阿姨、街头混混、游手好闲者、群众演员们，他们和善质朴、狂妄做作、桀骜不驯、憨厚可爱、娇媚妖艳，可谓众生百态。这些从不同的日常材料中提取的不同元素，共同组成了松软形象的混合物，这阻碍了某一种"同我"形象的简单生成，打破了形象的硬体边缘，呈现松软格式的形象新配置。无数耸立又坍塌的虚拟分身形象，也可能提供一场虚拟的出离（exodus）。权力试图将所有形象包围在一个类别中，稳定地将其客体化，但这一种关于软性的形象混合物的潜能又被唤起，它不能轻易地被捉摸，也没有一个固定的模样。它超越并反对客体化形象封闭的压制性过程。尽管形象总是致力于表现（将其客体化），但它也可能通过营造松软的、可变的、更具氛围的，而不是清晰的边缘来抵抗固化，这显现出一种关于形象的进化模式。

所以也许存在一种方法，将网络流媒体直播的空间理解为政治性的空间，政治事件发生的领域不应该仅仅囿于主流意识的认定。日常并不在政治之外，而是驻留在日常的生产中。要想通过网络流媒体直播中的日常形象使公众重新校准何为形象的政治，那么首先我们就应该将日常的客体化"同我"生产者转变为具象的形象发明者。这些日常主播们，乐于自愿地将其形象付费和免费提供给粉丝及普通受众，然后以奇怪的、不能被稳定的方式运营，"占领"这个商业空间，将"肉感、絮乱"的被情感经验包裹的姿态替换商业化的身体，操纵这些技术的约束性，然后在情感层面去打破、震撼，并出其不意地在被驯化的屏幕上驱除客体化的"同我"形象，创造新的身体和空间。新的形象的、日常的意义或许就此产生。

第二节 具象的形象发明者

社交媒体是欲望的生产工具，形象则成为全球数字资本主义的皮肤。日常生活只要搬上屏幕，琐碎都可以变成闪闪发光的商品和资本。公众从各种形象中获取情感体验，形象则代替使用价值。资本利用"公共兴趣"使切身体验和憧憬丰富了欲望的边角，受众从中获取身临其境的怀旧、震惊、确幸、狂欢、忧伤，成人也可以像儿童般享受免费的情感体验。这些社会展示的力量掩盖了一切事物的政治实质，日常的异质性元素情感被合法化分类放入社会展示的框架。政治原本带有的对于现实的批判性和实践性成为展演性的奇观，维持和保存机制的展示管理学。庆幸的是，网络流媒体直播中的结果并不一定可以预言，有时产生随机生成的代码。其中的形象在网络的弹性中死去又重生，继续变换外壳适应不同的空间需要，亲身参与了每一次具象形象的发明。

一、形象的政治技术属性

技术是政治的工具，它们既可以被权力组织用来作为统治的工具，那么也可以被公众拿来当成抵抗的武器。皮埃尔·布迪厄 (Pierre Bourdieu) 提出我们不是生活在景观社会，而是生活在幻象的政权里。土耳其民众为反对政府拆毁塔克西姆格济公园（Taksim Gezi Parkı）和砍伐树木组织的集会、美国非裔黑人的Black Lives Matter社会运动、法国巴黎的黄背心运动，这些事件的共同点是"拥有互动高峰期"，它们让公众看到行动的政治，临时的自治空间像是节日狂欢。虽然形象往往充满着剧场效果，但并不能表明它没有真实行动的属性。形象本质是放大了表演技术或政治意图，但权力又着重凸显它只是没有实质的化身作用。受众的屏幕注意力如何形成，形象又如何被操纵？资本企业并非在制造有生产力的形象，而是在"工业化"生产形象——合法化、框架化、定式化。资本组织的形象群落具有统一的倾向，使独立、零散的形象显得格格不入，这些"同我"的形象如同耀眼的颜色、特殊效果材料的叙事编织在一起，分散了公众的注意力，也使得公众忽略了真正被创造的东西。

今天，我们生活在由广告商和赞助商搭建的直播剧场里。它搬用了人类所能发明出来的所有夺人耳目的戏剧手法，高科技和互动策略。受众的想象力并非创造而是生产了展演，展演又参与构造了社交而非社会。流媒体时代的每个人都有机会成为网红，在围观中，围观者接受推销、宣传、学习、怜悯、参与、分享并且被说服，形象的政治成为展演，形象的展演又如何成为政治？今天的网络直播后福特式劳动本身就是一种政治行动，劳动者可以像政治名人一样通过演说而寻求自己的受众。一个小吃师傅可以有他自己的受众，也发表他对于社区、社会的政治主张。网络流媒体直播中的形象是展演，也是说服，不管用于庆祝还是用于反抗示威。直播展演将说服与娱乐完美地结合在了一起，创造围观、漫游者，制造情境体验，受众也随之进入形象扮演。社交媒体提供的表征中，人们拥有丰富多元的社会生活，深层的社会性因为提供看上去丰富但实质单一的信息和形象将人同质化而有所削弱，公众进入更景观化的生存。媒体平台宣扬技术化的社会网络和由技术计算自动连接的人际关系，直播中网红主播的形象并不是个人真实身份的反映，而是通过演算法根据任务需要和目标生产而来。大数据将受欢迎的主播特质拆解为各种变量、步骤和指标，网红主播则依据这些设定去描述、解释修订自己。对于受众也是一样，受众的回馈又回到演算法成为新的人设和修正依据。web1.0和大众媒体发布方式相同，单向以先过滤后发布的信息交流方式，平台拥有者生产内容，使用者接收；Web2.0则是以用户为中心，读写双向，强调互动分享。Facebook、Twitter、微博、微信、小红书等社交平台通过分享的方式，"社交"一下变成经济上可开发和管理的关系形式。当"关系"变成商品，web2.0也正式介入真正的日常关系。原本的web2.0技术和自媒体可以导向网络社会化

（making the web social），最终却使社交平台社会技术化（making sociality techinal）。过去人的偶发性选择和情感投入所产生的关于爱的联结在媒体技术的应用中变成中介（agency）的连接，是关于演算法的联通。斯蒂格勒批评社交性产生去个体化（disindividuation），正是因为社交媒体肯定、批评、回应、追踪，但只不过是由数据组成的社会性拟像，人与人之间的社会性关系被媒介自动性取代。日常生活变成可分享的信息，社会性特有的扩散和发展关系抹平成为简短的实时反应。

学者们期冀重新建立亲密的社会生活，但公众深处的社交媒体已经植入无法代替的现实。社交帝国新的媒体技术架构中，理论学者在前历史里找寻资源，欧洲如吉尔伯特·西蒙东（Gilbert Simondon）在《论技术物件的存在方式》中扼要地表示机器取代人的位置，它才是真正的工具携带者，而人所完成的只是机器的一个功能。"这是进步过程中一个戏剧化以及充满激情的阶段，……技术性可以成为文化的基础，通过协调文化及其所表达和支配的现实，为文化带来一种统一以及稳定的力量。"[18] 叶夫根尼·莫罗佐夫（Evgeny Morozov）关于数据过载的著作 *To Save Everything, Click Here* [19] 中，警告公众技术并不能解决社会公共事务，提出"技术解决主义"（Solutionism）。媒介考古学（Media

18. Gilbert Simondon. *Du mode d'existence des objets techniques.* Paris：Aubier, 2012:9-18.
19. Morozov E. *To save everything, click here: The folly of technological solutionism.* Public Affairs, 2013.

Archaeology）作为别有新意的研究路线，仍不足以落实到具体的社会关系中。斯拉沃热·齐泽克（Slavoj Žižek）的许多文章有效地针对占领华尔街运动、史诺登等事件为社会运动发声，但效果仅仅停留在目击和感叹。斯蒂格勒和奈格里与哈特的第三部曲《大同世界》对帝国主义的解决方法是将爱视为哲学和政治的概念，爱是共同性生产和主体性生产过程。透过爱与目标建立关系，从而去重复并扩大愉悦。这些理论学者对出路的思考和应对扎根在过去的历史经验上，也阐释了在当今技术社会的理论与实践可能。哈特与奈格里的著作《集合》里也曾坦承他们是从过往的经验炼出无领导权的运动，而非来自当今社会的具体抗争事实。技术带来了丰富的差异性并置，但是从未真正展现完整的内部结构。循着斯蒂格勒的药理学（pharmakological）批判，社会性如何才能替代社交性？媒介关系的建立仍然在扩大范围，以表征的、形式的关系，但其实我们还应该关注到，媒介生产的形象关系也携带一种社会性和政治性，会产生一种可以不以肉身为基础的关心和联结。在现实世界中，我们通过与他人相关联的方式——社会关系，定义自己，也划分、体验别人的身份。在更为复杂的混合现实的新三元关系结构中，主体难逃不断被客体化的循环，重要的是我们怎么去体验"主体化"和"客体化"的过程。媒体社会创造了消费者的形象，同样也可以创造社会性的、政治性的形象——一种反身性（reflective）媒介。

传播渠道的技术发展在政治上非常重要，因为它扩展了能够被听见的各种声音的范畴，尽管声音大小不一，但不再只是单一的声音替代不容置疑的权威发言。相比起已经长久占据政治主导地位的广播、电视媒体，社交媒体的应用原则已经发生了很大的变化：获取渠道、参与方式、交互形式，以及以"群体对群体"而不再是"单一对群体"的传播方式，在流媒体的助力下，参与、交互方式抵达了更开放的维度。全球化的政治集会或社会运动能引起数千万实时在线的虚拟灵魂为之雀跃呐喊。信息依靠移动电子设备和无数的媒体资源快速地扩散在公众中，在这些公共的网络空间中，扩散的信息又被即时转译、评论、发布、点赞和创造通向更多关注的小径。丹·席勒（Dan Schiller）提出"数字资本主义"（digital capitalism）的概念，他指出数字网络技术貌似具有扩大协作、构建亲密关系与民主的特征，然而民主是从社会中孕育而生，技术也并非中立。许多貌似"自下而上"的网络社会运动，实质上很可能是自上而下的。公众往往被互联网看似"自由"的力量吸引，并想象他们可以通过自己的行动真正地创造出拥有亲密无间、无阶级的"互联网"，然而这不过是帝国主义混合着文化、形象和专业技术的更新形式，通过媒介屏幕的宣布使其合法化。尽管部分网络社群号声称持反资本立场,但它们也通常以全球传媒市场(电视、广告、设计、当代艺术等等)和国际技术网络为生存基底。

硅谷乃至全世界的互联网产业大量征用媒体平台,刻意向公众塑造和展示自身形象。苹果、小米公司发布会并不是宣布新开发的产品,而是教导公众什么才是使今天变得更好的技术,谁才是设计更好智能设备的公司。2016年起发生的种种国际政治事件,从英国脱欧到美国特朗普上台,再到"后真相"[20]这个概念在网络上成为热门词语。媒体的技术政治问题就已渗透到社会生活与机构的方方面面,社交媒体为权力机构与当权者而服务,一如他们利用传统媒体那样。如何操控媒体的手段很多,比如,将资金投入大数据分析等领域之中,公众不需要被监视或监听,自身就源源不断为之生产输出数据。大数据控制是隐于背后的,公众们无心阅读大量文字的应用使用协议,快速地点选"接受",并沉浸在社交网络的情感投射中难以察觉。今日丰富的社会田野现象,进一步拓展了米歇尔·福柯(Michel Foucault)的监控与权力规训理论。齐泽克曾敏锐地警告,互联网正在公共领域制造出一种"伪参与"的幻象。针对那些对社交自媒体民主潜质持乐观态度的学者,他们认为受众的互动性参与将激发媒体与政治民主的潜能。齐泽克针锋相对地

20. 后真相(Post-Truth)指的是"诉诸情感及个人信念,较陈述客观事实更能影响舆论的情况",亦即传播主体通过煽情的手法传播符合公众主观认知但偏离事实真相的内容。

提出正是这一道屏幕，使得受众似乎完成了通过他者的行动替代自己主体行动的动作。就像我们看到齐泽克这个好演员激进的左翼锐评，公众也心满意足于完成目击和感叹，这种交互式被动满足，阻碍了真正具有效力的行动主体的出现。

过去公众通过电视新闻接受知识、信息和重大事件。如今公众从抖音、小红书、映客移动智能应用等社交媒体平台接收相同的信息，同时表达意见。部分学者仍赞成"trickle-up theory（向上渗透理论）"，指社会下层也会逐渐影响上层。在网络政治里，尽管少数精英把持了话语权，但只要普通公众的信息发布广泛存在，非主流的网络舆论加起来也可以与主流舆论相抗衡。另一些学者则赞成"涓滴效应理论（trickle- down theory）"，指社会上层的风尚、资源会缓慢向下渗透，最终带动底层一起进步，成为公共议题，精英媒体在一些关键议题上也能给予助推。在《数字民主的迷思》[21]中，马修·辛德曼（Matthew Hindman）认为以上两种理论都并不现实。他针对公众关于网络民主的美好想象与过分狂热，表明网络政治信息仍然为精英与机构所创造和过滤，并不可能存在真正的向上渗透，因为在网络的每一个层级仍然体现着"分形（fractal）"特征，只有当底层的观点与精英一致时，他们的声音才有可能被放大，那些媒

---

21. 马修·辛德曼(Matthew Hindman)，《数字民主的迷思》，唐杰译，北京：中国政法大学出版社，2015年。

体网站以及搜索引擎仍然在扮演着精英阶层的"守门人"角色。

网络可以提供的民主想象无法投射在由精英集聚化控制的媒体公共平台,媒介信息的载体尽管在更新,政治正确的剧本依然占据主流,围绕着正义、团结、宣言和斗争,白人主导的美剧里必须出现亚裔或者少数裔的登场,超人电影的结局离不开坏人必将接受惩罚的心灵鸡汤。但网络流媒体直播空间当中老练、狡猾的主播会主动隐藏自己真实的主体,通过保持流动的形象吸引不同的受众。他们轻而易举地玩弄形象的把戏,通过成为形象的发明者,尝试设想一种即兴、无章法的展演而非围绕规范信仰建立的形象立场。直播间日常的形象展演提供了一种无序,无对错的能动属性(active form),"能动"是指物体本身具有施加影响和自主决定的能力。参与其中的公众在制造以关系为属性的情境,并非在塑造单个形象,而是塑造一系列围绕主客体的关系。能动属性促使不同的"形象展示"以及"政治能力"合二为一的进入功效倍增的状态。我们需要做的不只是通过这个增倍的状态使隐身的主体现身,还要用主体形象的政治技术属性去变身,来直面撬动在技术平台背后运行的权力。

二、政治的形象和形象的政治

又酷又上镜的形象才掌握真正的政治能力,甚至能被塑造成流量明星,看上去平平无奇的人们则不被追随,因为其没有制造任何影响力。形象一直为政治权力所服务。如何将政治名人打造为媒体名人,自从约翰·肯尼迪(John F. Kennedy)1960年与理查德·尼克松(Richard Nixon)进行电视辩论后,重视形象的打造成为政界的常态。当时肯尼迪自身的富有促使他可以购买电视时段,并广告包装出了符合选民口味的真诚、老实的形象。于是总统选举对于公众而言,更像是娱乐综艺节目,而不再是传播权威信息的新闻节目,收视率成为衡量政治名人表现好坏的标准。政治名人对社会议题的立场当然重要,而如何打磨自己的形象保持一种公信力则更为重要。一方面,优秀的政治名人看起来必须是"真实的",需要有"粉丝"的情感基础,如法国总统埃马纽埃尔·马克龙(Emmanuel Macron)穿着海贼王的T恤贴近年轻粉丝,他甚至故意裸露部分胸毛,彰显其男性的硬汉形象;而另一方面,他必须展示一种能感召公众的理想形象;在"改革总统"的标签之外,他还制作了如Netflix剧集出品般精美的日常vlog去树立了总统日理万机和自身勤奋努力的形象。

正如理查德·戴尔(Richard Dyer)指出的,

明星形象是"一种视觉、言语和听觉符号的复杂配置",这些配置构成了"明星或者特定明星的总体形象"。他们既是具体的有血肉之躯的人,同时也是抽象的形象。明星通过暴露被建构形象背后"真实"的自我,或者将"真实"的自我与此形象融合,塑造了银幕内外连贯的明星形象。回到尼克松和肯尼迪的总统竞选电视辩论直播,个性化的形象表演开创了以媒体公共平台作为权力巩固的最好范例。选民们表示,尼克松看起来老态且没有精神,然而肯尼迪则落落大方,这是第一次选民们认定形象比政绩更有说服力,他们关心的是候选人的举止、谈吐。2008 年的美国总统大选里,贝拉克·侯赛因·奥巴马 (Barack Hussein Obama) 充分利用互联网的传播优势开通 Facebook 和 Twitter 账号,并且花费超过 300 万美金在 Google 搜索引擎上购买关键字广告,树立自己年轻、朝气、进取的候选人形象。他在 Twitter 上把自己塑造成喜欢动物、运动、家庭的和善之人,给粉丝推荐美剧,或者发送有趣的图片分享,又展现出一名工作负责、亲民又有活力的男性形象。他开设白宫的 Flicker 账号,发布部分家庭生活日常供公众浏览,将充满距离感的政治名人之家变得如隔壁邻居家般亲密。阿兰·巴迪欧 (Alain Badiou) 评论奥巴马 2008 年当选时说:"他是所有可爱的身份标签的汇合,总是用像在电影里主角那样的口吻说话。"诚实、活力、坚定、智慧这些品质的存在构成了标志性的美国政客形象。虽然部分知识分子和政治家会嘲笑这些形象，然而受众确实时常把大部分的精力关注在他们的形象上，忽略了他们真实的政治观点和其他社会关怀。因为，公众与电视中的形象有固定的距离，受众通过屏幕里引人注目的名人、明星形象寻找情感投射和社会认同。休闲的传统媒体（电视、电影）成为意识形态劝说最隐秘的来源，这些来源同时构建着公众的性格，并将他们安置于适当的社会角色。

图 8　马伊琍在综艺节目《女人 30+》中诚恳地谈自己对女性价值的认识。她完美塑造了一个具有真实性情、关心社会问题的明星形象

真正的考验是为构建政治的化身所塑造的多种形象内部之间不起冲突，形象也正因此，充满着"改变的力量"。美国明星麦当娜·西科尼（Madonna Ciccone）、中国明星马伊琍（图8）、邓超、陈赫、张嘉倪等都是具有优秀的形象转型能力，伴随娱乐文化市场的走向一直能够重塑自己的形象，令自己在瞬息万变的娱乐界长盛不衰。对比之下，相反的显著例子是吴亦凡，从塑造"冷酷男孩"到"单纯少年"，

成为顶流明星后从娱乐八卦上升到社会问题，极度反差的人设迅速因一系列错误决定失去控制，再也无法在公众面前修复自己的形象。同类型的明星歌手鹿晗则更具技巧性地根据市场需求调整自己的形象，更新塑造自己的政治化身从而适应资本需求和粉丝诉求。在大量同质化的唱跳明星崛起后，他凭借稳定的情侣关系，综艺节目的搞笑担当，再选接优质的剧本成功转型为专业演员。不论是政治名人及明星，只要掌握形象的转型和重塑能力，形象的政治就充满了鲜活的能量。

对于 20 世纪唯一一个通过形象的艺术制造名人的艺术家安迪·沃霍尔（Andy Warhol）来说，名人作为"媒介"是终身的过程。过去著名的形象需要团队运作塑形而造，流媒体时代则应验了他 70 年代就说出的预言："每个人都能当上 15 分钟的名人"，公众个体的技术装置就可以建构起自身具有伸缩性的媒介形象。这段话题看似仅围绕着政治名人和明星，但是多变的形象同样也适用于日常的形象。形象问题如何作用于日常，如何在今天打造并维护自己的形象，变得空前重要。以当代艺术领域为例，年轻的艺术工作者从他们的职业生涯开始，就在学习如何展示作品，如何打造自身的艺术家形象。艺术市场要求他们具有强烈个性特征的艺术风格，以便于建立持久性的"品牌"形象。艺术家面临着并不亚于政治名人、明星的挑战,即必须仔细设计出一个经得起市场考验和时代需求的形象。艺术家的形象或许可以更注重个性,名人的形象则是真诚、睿智。

意识形态与资本合谋将媒体与公众的日常联系起来,使观众与自己的主体疏远。它用人物(形象)取代人类(肉身),从而将人们所关心的日常问题转化为经营的模拟物。受众在流媒体直播平台上将个人情感和社会形象叠加,个人在流媒体社会所制造的感情、政治、社会痕迹转化成为形象。每位有野心的艺术家和名人都想知道,在流量的交锋中,如何以形象来吸引或震慑他人。传统媒体中统一、稳定的形象所需要的持续事件和包装因素,只需要团队完美的策划和精密的实施便可较轻易地完成。流媒体实时性的技术要求之下,形象所要面对的敌人更多,因为日常所有的面向都向它警惕性地敞开,单一的形象可能露出马脚。但同时流媒体技术也为我们预告了形象的潜力。政治的形象可以轻易地生成、坍塌,有时需要即兴(improvise)表演,不仅为网红主播建立稳固的公众形象提供机会,也让每个个体建立无数个临时性主体成为可能。公众都可以像特朗普、张大大、papi酱那样,成为时尚达人、自恋狂、绿色保护者、废物发明者、朝阳群众等等,成为未来媒体帝国中不被轻易琢磨的主体存在。

三、野生的言说与形象

画面先是黑屏，并伴随着因屏幕被拍摄者轻微晃动造成的杂音，随后画面亮起，视线中最先出现墙壁，然后是主播点选翻转屏幕后，占满近景画面的脸。镜头的再次晃动，主播将手机在支架里固定了起来，周围播放的背景音乐也缓缓出现在音频轨道内。她看了看屏幕里的自己（当作镜子），整理刘海，抿了抿嘴唇的口红。这时，主播好似突然想起什么，起身走出画面，只能听到棉拖鞋与地面摩擦的声音，房间的吸顶灯打开，顿时整个背景清晰起来。画面中能看到白色的宜家简柜里摆着海贼王手办和迪士尼的周边毛绒玩具，墙上挂着一张彩色抽象画，还能在主播背靠的电竞椅后隐约看到扫地机。主播带着可爱的兔子发箍，披着长发，穿着动画海贼王图案 T 恤，化了个看上去并不浓重却很精致的全妆。"欢迎 xxx（名字），名字好有意思，是有故事么？"话音刚落，她便拿起另外一只手机用带有川音的普通话开始询问数量不多的在线受众自己该点什么外卖晚餐，是吃辣的、不辣的，还是比萨或者沙拉。一边嘟囔着："哎呀，这么多碳水，胖死我吗？""纠结啊，又很想舌头带点花椒的麻度。"点好了外卖后，主播见没什么受众与之互动，开始播放起喜欢的周杰伦音乐，跟着哼唱，摇头晃脑，自顾自地浏览起电脑，屏幕中只能见到主播的近景。主播时而凑近镜头确认屏幕中是否出现互动,应受众的询问开始聊起自己用的手机型号,谈论苹果、小米、oppo不同手机品牌的自拍模式哪个更好用,分享个人偏爱的视频剪辑软件,在聊天出现争议时,表现出一丝强硬,严肃地指出:"我只是发表我的个人观点,你也不用针对。"在熟悉的用户进入房间后,主播显示出一分兴奋,立即提高了音色,开始做撒娇状:"xxx哥哥,再给我刷个火箭吗?可以随便点歌。"

这些看似整晚无任何意义生产却又真实肉感的日常直播,就在主播闲聊的监控图像和受众虚拟串门的文字弹幕当中,建构起现实和网络交汇时间线上的信任和慰藉。即使公众意识到看到的只是屏幕里的形象构建起的展演,但即时且及时的感情互动、琐碎的言说、细微的表情,使他们得以确认屏幕也可以成为与之产生关系的"身体"。正是这种琐碎的、肉感的感觉破坏了凝视中电视、电影,漫视中社交媒体的明确主客关系,以屏幕中的形象制造着存在细微差异感,但非常具体化的欲望主体。日常的影像并不能换来日常的体验,因为它制约了我们对于日常的界定,然而各种具体元素(包括空间、图像、语言、身体、屏幕)组成的集合体投射在公众的交往中,受众和主播的主体性也都在主体—中介—客体这持续作用的关系中被激活了。本书并不试图否认网络直播所创造的主体性可能导向社会寄生的、被多产复制的意识形态化的主体，正如网络直播平台中千篇一律的网红带货话术和观赏性主播的美丽脸蛋。而是提出我们可以更加开放地去设想，一旦公众有了具体化的欲望，就可能成就"打开世界的路径，为了人的保存和发展，为了让人更像人"。[22] 但选择以形象为出路的理由，正是因为它是与主体密切相关的由内向外的图像与言说展示，能在情感的层面上维系受众，创造比现实日常更生动的奇观效果，并于不同的语境中快速建立和抽离多重化身。

"展示"不只是对某种现成物的呈现和表述，在流媒体直播"被展示"和主动"展示"的时代，公众如何通过更激进的展示寻回欲望的主体？从这个问题出发，形象的政治就成为与公众的存在息息相关的生命政治。天猫、淘宝、京东、小红书等网络平台会根据人们的浏览记录，给出购买建议，这背后是大数据算法技术和身份识别系统。人工智能精准地预测客户的"需求"，再通过小红书、抖音、Facebook 等 APP 去塑造和控制人们的生活方式，我们的社交生活被精确计算着开展。然而企图用算法来建构"即兴""意外"的形象所主导的事件存在难度，因为算法的特征就是企图彻底排除即兴和意外的发生。在线下的真实日常生活中，即兴、意外无处不在。在它们面前，公众无法准确地计算未来，无法像台词般说出

22. 高世名：《数字时代艺术何为？》，《文汇报》，2021年。

逻辑性极强的话术和广告词，这也让人成为肉感的、琐碎的、被情感细节包裹的那个"人"。今天在数据算法的媒体应用之外，如果有新的"即兴、意外"驱力，也许就会形成新的链接驱力。

资本主义意识形态赋予媒介最大的权力便是制造政治的形象，公众应该学会如何去利用它。形象作为一种化身，它拒绝单一的意义指派，拒绝将意义固定化，日常直播里形象的能指和所指被意识形态禁锢了想象力。实际上，它既是我们在屏幕中看到的那个"非真实"的身体，同时也是作为创造了无数个、新的所指含义的主体性存在。理性、科学很难集中将形象感受统一在表演者和受众身上，这破坏了能指和所指对立的稳定关系。形象的展演是一个多维的场域，多重的身份可以在这个中性、倾斜的空间中交织和冲突，创造意外的驱动力。主播在此空间中通过多重的形象展演自己，受众在某个节点接收了由直播空间的所有细节、线索组成的和自身记忆与欲望相关的信息，并将之延续，更新，创造了永远无法说尽的欲望体验。在多重主体性参与的相互关系中不能被界定的新的意义就此产生。

列斐伏尔在《日常生活批判》的导言中分析查理·卓别林（Charlie Chaplin）透过重复的动物化速度（animal'srapidity）捉住了日常最琐碎的事情，并显示其异化和混乱。卓别林的戏剧就是日常生活批判，创造的形象根植于现代日常生活，贫穷但充满活力，弱而坚强，提供了一种与现代生活相反的冲突形象的类型。他继续谈到贝尔托·布莱希特（Bertolt Brecht）的史诗剧场（Epic theatre）也关于日常生活，就像街上车祸的街角议论者的会议，不是将受众当成接受者，而是告诉受众怎么成为演员。列斐伏尔这些对日常生活的界定和观点现在看来仍然具有洞见，鲜活的政治的日常可以通过调配出有生命的、具体的影像，制作形象的化身，在商业角色的裂缝中使潜在的能量渗出。

日常生活中总有一个事件和时刻会成为主体和他者相识的节点，或是共同体网络的一部分。主导者的形象在电视屏幕中只需半分钟就能宣布事件的起因、经过和结果，又经过专家形象的播报和解说，事件成就了事实，于是受众被关在对权力形象组成的共识框架中。这一共识的形象屏蔽了关于事实的各种可能性。公众的民主权利对社交媒体的使用仅限于票箱投票、上街抗议、社会运动、网络揭发或发表，他们接受了权力对于主体的身份确认。然而真正的民主谈论不应该是为了达到唯一的答案，而是为了追求多方之间思想的交锋，挑战那些"正确"的期望。流媒体直播间并不是提供理性的解药，也并不一定是呈现正确的、知识的答案，但是它提供了多种野生的关于形象、媒介的使用方法。

流媒体技术发展下的今天，日常形象的展演跟传统媒体出现时，发明者抱着发明新的生活方式的态度，拖着公众朝政治民主前进。只有当公众将被动的消费者身份变成形象的"演员"主动去剐蹭既有体系的政治正确时，新的政治性或许就会出现。流媒体技术给形象提供了拒绝、倾斜、移动的方法，因为每个公众都可以成为自己的表演者，为自己创造展演的柔韧环境。形象的塑造不需要经济成本，能在最短的时间内被建立，也能迅速地被摧毁。上万种形象的拼贴，上万种临时的主体性，他们并不抽象，而是非常具体化的主体性，每一种都比电视剧里的既定形象无聊又生动、单一又丰满。直播平台也许可以成为创造形象的社区，让更多不同身份的临时性主体现身，同时生产更多关于"日常""政治"的新形象。

四、艺术中的形象

1963年，安迪·沃霍尔采用固定机位，以长达5小时20分钟时长的超级长镜头，拍摄了他的同性密友诗人约翰·乔诺（John Giorno）的睡姿。这部称为《沉睡》（*Sleep*）的电影是沃霍尔早期实验影像阶段的代表作（图9），镜头中只发生着诗人睡觉的事件，近5个半小时时长的画面中仅切换了22组镜头。1964年，他更是拍摄了长达8小时的《帝国大厦》（*Empire*），画面仅为纽约帝国大厦塔尖接近于静止的画面。

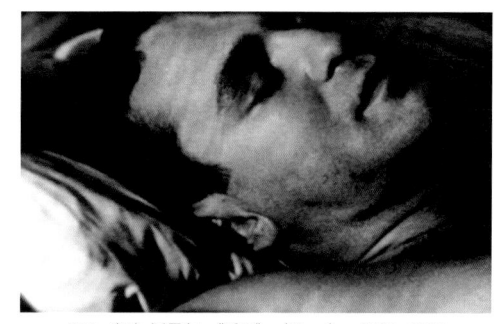

图9 安迪·沃霍尔：《睡眠》（*Sleep*），视频，1963

沃霍尔对他早期无声电影中单一物体和动作的拍摄偏执，都在宣称图像的任务并不是为了融入叙事，他拒绝传统使用线性时间的叙事方式，坚持将放映速度减慢（以16帧/秒的速度放映），从而延长作品的可感知时间，镜头中只有安静沉寂的睡眠画面。在以美术馆和画廊巨幕播放的空间中，时间对于观众则显得更加漫长。在观众的持续观看中，沃霍尔做到的正是将电影中剪辑的时间性重新臣服于真实的时间，观众的剧场性观看经历与真实时间性体验之间的张力让身在其中的观众重新思考影像（形象）与时间的关系。不论是拍摄的媒介技术，抑或作者的出发点，这部作品与网络直播间看似大相径庭，但它们却存在一定的相似性。由于沃霍尔画面的乏味单一性，受众很难保持着注意力，他们知道即使离开一小会，主演依然在沉睡的好梦中，毫无意外，于是又可以分心地继续看看其他展厅的艺术品，再次回来时，依然报以期待着也许毫无意外中又隐藏了什么新的惊喜。

在各类空间监控或者长时间的学习型主播的直播中，受众又何尝不是如大卫·伯登（David Bourdon）所言，期待着下一秒的意外："突然间，他（主演）眨眼或者吞咽的动作发生变成了一个高度戏剧性的事件，正如《乱世佳人》中烧毁亚特兰大般的高潮。"[23]

沃霍尔早期的实验电影实践还包括了在数小时内仅仅拍摄主演吃饭、抽烟或者睡觉的日常事件。他企图通过"时间的延续"来改变观众的视觉经验，关注事件本身而不是叙事方式。他曾说："我睡觉时依然开着电视，中间会醒来两三次去厕所，早晨7点半起床后，我仍然会继续观看电视。"[24] 对电视媒介的独特喜爱，一直贯穿着他的各式作品，他有目的性地使用大众媒体，并与之大胆交流批判。如果并不清楚沃霍尔的个人经验，观众也不知道画面中睡着的是他的同性恋人，熟睡的模样失去了身份性的衣着，山川般起伏的身体躯干充满着整个画面，静止、重复——一个"都是"也"都不是"的形象。沃霍尔提出"每个人都能成名15分钟"，他似乎一早就预见了媒体技术的迭代对受众的改变。他声称："如果想了解安迪·沃霍尔，请观看我的绘画作品、电影和我的表面，而且我就在这，背后什么都没有。"利用自身的形象，通过将形象商品化生产的方式和去破除中心化的身份定式，沃霍尔的作品展示了一个建立于媒体却不被定性的"自我形象化"的代表。同时，

23. Bourdon D. *Warhol*. New York: Harry N. Abrams. Inc. Publishers, 1989.

24. Crandall J. *Andy Warhol*. Interview. Splash, 1986.

这些在延长且贴近现实的屏幕时间中，受众在屏幕内外发生着的视觉经验，又无时无刻都在提醒着我们何为真实之于感觉，形象之于自我，也提醒着我们思考在以屏幕和网速丈量日常生活的今天到底发生了什么变化。

图 10　妮基·李：俄亥俄项目（7）(*Ohio Project 7*)，摄影，1999

只要提到关于"自我扮演"的艺术家，我们总是绕不开辛迪·舍曼（Cindy Sherman），但是在此处笔者想回避众人皆知的她，而是以另一位只要学习当代摄影史就不得不提的韩裔美国艺术家妮基·李（Nikki S. Lee)的作品，来探讨形象问题。在1997至2001年她所创作的"项目系列（Project）"，是以自己扮演拉美人、朋克、艳舞工作者、老年人、嘻哈歌手、女同性恋者等多重身份的日常记录摄影作品。她高度视觉化的摄影系列涉及了种族、亚文化还有社会边缘的群体。在俄亥俄项目的照片中（图10），妮基·李懒洋洋地待在那种一应俱全但又破烂不堪的旅行车上，四处的背景看上去摇摇晃晃，她染着经过氧化物漂白的金发，紧挨着她的男友。墙面的南部联盟军旗和男友炫耀着手上的猎枪与碎花墙纸、蕾丝帘幔以及李穿的粉红色裹胸形成强烈的对比。李曾说："我常觉得自己有许多不同的人格角色，并且我很好奇想要理解这些事。我试图寻找一些以证明我可以成为所有这些不同人格角色的证据。"她的作品强调了社会身份的建立离不开表演性，无法跟衣着、化妆、发型脱离关系。她也曾表示突出情感理解的亚裔文化是理解她作品的重要线索，因为"西方文化非常讲究独立性，东方文化则是更多地要求将身份融入社会背景中，很难脱离这些文化背景"。所有的摄影作品都经过她精心策划，通过改变形体外观（如增肥、染发）、学习特定的技巧（如滑板、烹饪），她有针对性地融入某种群体，与特定社群成为朋友，并得到他们的认可和拍摄配合。在学习了这些特定文化和习俗后，她融入的摄影画面往往十分和谐，仿佛将李隐身在被拍摄的群体中，但是观众始终无法忽视她典型的亚裔面庞，尽管她的神态确实在强烈的说服观众，"我"属于这个社群。

杰里·萨尔茨（Jerry Saltz）评论："李将辛迪·舍曼的装扮与南·戈尔丁（Nan Goldin）的快照形式结合在了一起。"快照（Snapshot）总是和体验与记忆相关，李的快照摄影往往标记着时间和日期，也是作者试图明确强调其作品中纪实照片的属性，证明它"真实"存在过，告诉观众不要怀疑它的有效性。她信任地将摄像的工作交给了被拍摄社群中的成员们来完成，放弃了对画面的控制，只是任由事件和时间的发生和捕捉。有趣的是，她又操纵着观众对快照关于怀旧、记忆欲望的"固定印象"，对于社群之内的人而言，这些照片只是桌面相框上的普通亲密合照，对于社群之外的人则是纪实摄影档案，同时整个社群成了她表演的受众。本文不以舍曼举例，因为作者以单帧的电影场景来呈现不同的女性个体，而李并不是，跟舍曼在屏幕外被隐形的受众形成截然对比。她作品所呈现的是整个社群而不是个人的形象，因为正是那些社群和环境的固定印象构成了形象身份塑造的线索，李在不同的社群中以自己的生活体验建立了社群的形象。在她的系列里，不论是变装皇后、女同性恋或者年轻的日本游客们，往往都是一群人，观众只有驻足观察才能发现李的个体存在。她的作品使我们关注起社群的身份认同，并且使我们警惕直播平台的系统中那些关于形象的分类和命名，关注起"他者"多种面貌的展示逻辑。

图 11　胡向前（左四）：《多余的画廊》，百度直播，2020

接下来，让我们将艺术的形象拉回到以中国为场域的艺术实践中。2010年，青年艺术家胡向前在北京泰康空间完成了他的表演作品《向前美术馆》。在此作品中，胡向前的身份是一位表演艺术家，他以身体为建筑，通过口述的方式展示了十几件艺术作品，挑战了美术馆的话语体系。《多余的画廊》（图11）这个作品则是十年后，艺术家更像是以业余网络主播而非艺术家的身份，在百度直播平台为创作线上售卖艺术作品的实时记录。而此次的表演从道具、场景到人员配置比十年前隆重。他以"线上画廊"的姿态，具有表演性的主播身份实时互动直播可以被"一键下单"的艺术作品。整个线上售卖的行为被全程记录，也被称为"全网首次行为艺术直播带货艺术品"。据闻线上有两百多万人收看，销售额达到20万人民币。在直播中胡向前不断地以幽默的广东雷州普通话助卖："卖掉，卖掉，通通卖掉。"他的身体姿势不太协调，语言风格也稍显尴尬。虽然有专业的导播组准备了四个机位，分别拍摄作品特写、主播特写、全景和移动的景别，流程清晰，并且还邀请了时尚博主"少女食人花＆北野五花肉"来现场助播，但是缺少专业主播经验的胡向前在介绍作品和串场时经常卡壳，有时也会出现说错作品名称、忘记介绍作品尺寸的情况。他讲解艺术作品的创意时并没有华藻的词语，远不及市场上叫卖老手的流畅感，只有诸如"超级狂野""用色疯狂""这画真的是太棒了"之类口语化的语句，却让受众产生了奇妙的真实感。"少女食人花 & 北野五花肉"并不从事艺术相关工作，胡向前会实时给他们讲解艺术收藏的相关知识，其中少女食人花在参与艺术作品介绍和售卖时不知所措和对艺术品高昂估价所表现出戏剧性神情时常透露出来。艺术家王兴伟突兀地出现在现场助兴题字，整场直播充满了闹剧的冲突感、尴尬感，与专业的硬件团队造成了巨大的反差效果。和大多数网络直播不同的是，五条人乐队的音乐会经常插入，引导主播胡向前的谈话内容，整个场面中胡向前的身份更像是主持人，他经常面对着两位助播介绍作品而非镜头，协调直播流程的走向，而非主导性的主播。作为一个直接以当下网络直播平台直播作为手段的艺术作品，胡向前在看似用力过猛而造成的艺术现场之中，使得商业的直播空间显现出一种奇妙的塑料感和拖沓感，亦如他的"塑料"普通话。但也正是这种携带并不"正统"艺术元素的"出戏"的直播，使得展演的完成"蹩脚化"。动辄千万的专业艺术藏品拍卖行之外，小作坊的拙劣叫卖看上去荒诞却又真实。直播平台发展到当下，只剩下千篇一律的网红带货及过度的复制面容陪伴，胡向前的作品给我们提供了一个有趣的、蹩脚的艺术的形象掺和在已经被秩序化和定义的特定空间中，牵连一丝被仍然划归于"安全"，但是既奇异又钝感的想象和感知。

图12 陆平原:《影子的影子》,黏土,2021

中国青年艺术家陆平原于2021年在上海没顶画廊举办了展览"第一个艺术家",他在自己展览的陈述中提道:"'第一个艺术家'这个名字直指做艺术时,我们的经验和认知从何而来,像一种启示,也正好指向我回忆里巴巴伯这个'艺术家'——他是我见过的第一个艺术家,80年代央视播放的动画片《巴巴爸爸》中一个带有"艺术家"自我认知的角色。"[25] 这个他作品中所创造的,可以随意变形的卡通形象的原型看似与我们研究的主题并不贴合,但是在当下的混合现实中,DOTA游戏中的虚拟偶像dodo,虚拟主播A-SOUL,湖南卫视的虚拟主持人小漾又离公众的日常远吗?

巴巴伯是作为有生命的"自我形象"来建构的,它时而变长、变宽,时而变成楼梯,时而变成任何东西,挑战着关于造型、材质和意义的边界。原故事的属性中,除了它可以在紧急的关头展开力挽狂澜的想象外,它总是模仿特定身份的限制始终存在。在《影子的影子》(图12)的系列雕塑作品中,陆平原展示了450件大小不一的黑色轻质黏土雕塑,不同于过往美

25. 陆平原:《陆平原谈展览"第一个艺术家"》,http://www.artforum.com.cn/interviews/13601,2021年。

术馆和画廊中经常出现的完美、完整的雕塑作品，陆平原以"造型"的经验模仿了不同的认知表演。现场的作品看上去十分稚嫩，像是孩童们的手工作业，有些造型看似熟悉，有些则陌生，像兔子、名人、椅子或花瓶，它们的动作看上去在逃跑、发呆、思考、好奇等等，只有每个雕塑上那两只黑色的眼珠在提醒着现场的观众，对，我正是会变身的"巴巴伯"。在关于作者的采访中，他强调了黑色黏土这种材质作为人类最初对于造型认知和触摸的基本材质。450件作品包围了画廊的现场，就像那团黑色的块面一直在伸长，将观众变成了黑色材料的一部分，这些暧昧不明的造型将我们代入关于生命形象的无尽开发中。

巴巴伯一家人从田地里生长而成，是无法以当下人类主流意识形态来判定和识别的返璞归真般的存在。那黑色的柔软的材质，在留下人类唯一可以识别的捏搓的现实指纹外，我们看到的是巴巴伯超现实的能力，建造泡泡型的圆房子，变成飞机或者铲车，它使我们留意到，有关生命的形象可以有巴巴伯如此可变形的、且不被固定的能力。

中国香港艺术家刘卫在香港MINE PROJECT空间的个展"—————////——"中，呈现了看似网络游戏中主角的残像和一堆关于身体的图像碎片。她通过有争议的Deepfake(动态换脸的深伪技术)创造看似游移的虚拟角色（图13），作品侦查了关于肉身和技术的关系。展览空间由灯箱装置、图像和影像构成。物理的空间里，屏幕上上演着伪造的第三重空间，墙面的绿幕、原型件、复制件、皮肤拼贴都变得难以捉摸。她对自己不同形态的身体进行全方位的3D扫描，生成破碎的、哀伤的数字形象。这些不同姿势、不同状态的身体，变成斑驳的三维图像，在漆黑的虚拟世界中被抽离出来。

图13 刘卫：《T351kV415k》，影像1分钟，2021

作品《T318k V399k 0.1》和《T318k V399k 0.2》是放大着的计算机生成的数字形象，艺术家身着假的动作捕捉服，表演名为"Pre-CGIbody身体"的形象。标题则提醒着观众，形象由字母和数字构成，也解释了数字化的身体形象是如何被命名并呈现给使用者的。像我们着急使用打印机却偏偏出现卡纸的情况一样，应用程序也不可避免会出现了"意外的"的卡顿。随之而来的，在影像里旋转着怪异的、被切割的部分身体，它们漂浮在黑暗的空间中，这是一种由于软件卡顿而生的"哀伤"，这些面庞不完整、略为恐怖却又显得格外离奇。这些支离的形象又以平面的碎片形式时而被放大缩小，或附着、或包裹在展览的墙身和地面上。碎片化的色块、皮肤和身体有顺序地排列又散落着，从展览空间的顶面垂下。远远看去，部分像是斑驳的墙皮脱落，部分又整齐得像是人为故意将这些身体组织撕裂并艺术地排版。近看，那些黑白横条纹的衣物、黄色的皮肤都成为像素化的色块，无不唤起观众们对于身体疼痛的共鸣。另一边的展厅里，墙面到地面的缝隙中充斥了大量通过技术捕捉到的形象碎片，像素化的边缘不断提醒着观众——屏幕内的形象正蔓延出物理的空间进入现实中。恍然大悟，我们所身处其中的流媒体形象不也正如这缝隙里的像素肉身。刘卫的作品在网络直播迁入日常的当下，以虚拟的形象探索了技术如何影响和重塑我们的感知、记忆和现实，让我们重新思考技术的应用、身体感知和像素形象之间的隐秘关系。

在"元宇宙"的时代，艺术家是可能世界的索隐者和贡献者。而艺术就是通向可能世界的路径。中国古人讲究"画夺造化"，浪漫主义者要创造"第二自然"，艺术家的终极梦想是构造出一个世界，最伟大的作品也总是带着某种"世界感"，某种自成一界的氤氲气象。这样的作品在我们的现实世界里是无法被消化的，因而我们觉得它是现实的外挂，宛如我们这个世界的体外器官。它或者说它们，既外在又内在于我们的所谓现实，所以真正的艺术作品是撬动我们这个坚硬现实世界的阿基米德点。……开启可能世界的路径，是艺术的一种本质面向。艺术必须要有所创造，而创造是一种发现、一种开启，是打开可能世界的通道。[26]

部分艺术家如张培力、叶甫纳、庞宽等都有与网络直播相关的艺术作品，这还不包括村上隆等当代艺术大咖更直接的直播带货。沃霍尔的作品从日常的层面，挑衅了习惯看到主流叙事的观众的视觉经验；刘卫的作品则从技术的层面让我们重新思考技术和身体的关系。妮基·李的作品让我们关注起形象的命名和分类，以及以形象线索塑造多样他者面貌的可能性。胡向前整场看似粗糙的艺术实践，在一切盛大的后台技术支持下，看似只欠东风的主播却因为不熟练的售卖技巧，笨拙但真挚和尴尬的口语化介绍，与他一再强调并不协调的商人身份格格不入，透露出日常直播肉感和尴尬带来的"去媒介感"。陆平原的作品则已经完全脱离了影像的真实性，在传统的雕塑、绘画艺术领域里，他以耳熟能详的故事为基底，用孩童般的无所畏惧去展开关于形象的想象。这五位艺术家的作品看似没有什么相似之处，但他们都在以非常边界化的方法讨论艺术与形象的直接关系，以及艺术可以为媒介化的形象带来什么思考。传统媒体时代的形象尝试将"他者"消除，只留下主流叙事里那些公众无法企及

26. 高世名：《数字时代艺术何为？》，《文汇报》，2021年。

的形象,这窄化了公众新自由主义式的单一"欲望",而艺术的形象要做的正是去创作复杂纷繁的形象,去冒险试探关于形象皮筋的最大韧性。

在"日常形象的政治"一章节中,围绕关键词"形象",研究网络直播中美食主播形象的变迁,并以此为引子去分析抽象的媒体形象生产者背后的权力运作、名人的形象经营等,最后以期揭示在政治属性的技术创造下,形象是如何塑造权力、如何成为知识的。与此同时,网络直播间也提供了多种野生的关于形象的想象,这都值得艺术工作者们去借鉴和使用。当代艺术的领域中我们看到充满太多宏观的、牵强的、深奥的、华而不实的艺术隐喻,这些由画廊、美术馆、双年展支撑起来的全球艺术市场暗含着艺术工作者的优越感和纸上谈兵的民主性,以至于艺术工作者都忘了艺术还可以做什么。学者高世名一直在提醒的是:"艺术必须要有所创造,而创造是一种发现、一种开启,是打开可能世界的通道。"艺术工作者的职责不正是应该去展开关于想象实践的新路径吗?本章节的最后以五位艺术工作者具体的艺术实践推动想象日常形象的边界,提醒公众主动地用肉身去创作更多的形象,去触碰那些具体的主体性,去发明并加以呈现重要的脊脉,去成为具象的形象发明者,而不是去制造遗漏了日常丰富可能性的形象生产者。

结　语

在流媒体时代，我们不再以邻里空间去度量情感关系，而把更多的时间投入在以社交媒体为基础的屏幕上。数字资本主义环境下，合理化的技术和工业化的流程使我们不再以身体为坐标去感知，甚至身体化的度量都已经过时。日常被"打卡"在屏幕中，以 Vlog 等的形式代替了我们的各种情绪和情感，与此同时，时间和经验也被像素化、格式化了。我试图在身处的混合现实中提出一种新的、可能的、具体的形象模式，应对这个坠入屏幕中的流媒体时代挑战，并让我们重新理解和思考何为展示，何为日常，在展演性的媒体社会中我们又何以重新构造自己。

流媒体平台已然成为资本主义的更新生产形式，我们无须牵扯出过多平台背后资本输出以及累积的运作过程，而是企图从展演性社会转折到日常肉感的形象，重点是如何发现流媒体直播中每个形象的潜能，将其二维的政治性还原到我们生活的物质空间并生效。弹幕幽灵并不是直接化约为不经过任何检验就扩张的粉丝群体，弹幕幽灵们应该是那些把日常政治化的公众。我也尚不能准确判断，形象建立的临时主体性就一定可以另辟一条破解资本回路的蹊径，或者艺术可以神奇地使被动的受众都成为自己的演员，并利用不同的形象去重新创造发明。但我们应该注意到，现实中公众每天参与的错综复杂的情感纠葛、阶层矛盾、生命政治都掩埋在这些琐碎日常之下。民主不需要心系革命和占领的筹划，只要想到身处其中的日常缝隙，使用这些被奇观化的日常现实，反过来打翻它原本的流转方式，使得不同种类的实践相互关联。公众哪怕只是直播炒一道番茄炒蛋，直播游戏魔兽世界下副本，也是心系一种"成为艺术"的超越。

媒体资本的内循环中，名人、明星、网红都懂得如何有效地操纵形象。我们还不能笃定地说，网络流媒体直播中弹幕、评论的受众与不能被定性的主播形象的协作就是企及民主和展示积极性面向的神奇解药，也不能站在艺术工作者的立场去烘托艺术的救世主功效。以20世纪初的超现实主义为例，概念"降格"本来是要用抽象或者超现实的方式去呈现日常生活，而最后所有"降格"的艺术尝试异化成了政治失效的艺术效果——广告和展览。超现实主义试图批评日常生活的无聊，却没有任何干预改变日常生活的可能。经过超现实主义的"变形"方法，反而使日常生活更神秘化。因此，我们研究的重点在于发掘从艺术出发的更新视角，探索固化形象的另一种存在方式——无数临时主体性建立并发生关系的时刻，每一个熟视无睹的日常琐事都将以感性的方式重新熠熠生辉。感性的形象可能有一刻会突然撕下资本市场给定的标签，身上所隐伏着的所有的能量和情感猛然溢出，包括尴尬、违和、奇怪、生硬。了解流媒体直播中日常形象的力量以及它对公众的主要影响于今而言非常必要，即使日常形象总是受到新的资本形式覆盖。"主体"如今是资本市场在乎的研究产物，我们应当做的不能只是角色扮演（Cosplay），而是艺术地去做无数个化身！流媒体直播市场越是蓬勃发展，越会驱使形象被意外化，产生更多即兴的表演和行动。回应罗伯特·劳森伯格（Robert Rauschenberg）的那句话："形象即行动！"艺术的创造者们，不将网络流媒体直播作为艺术作品中的某种材料来把握，不轻易相信主体被机制赋予的标签和定义，而是，利用矛盾的、复杂的、充满感受力的主体性，努力地去制造形象，利用日常的资料作为行动的基础，利用个人的形象、事物的形象建立公众的形象，翻转空间的意义，艺术地去打破和使用资本所建立和巩固着的形象系统。

　　于艺术而言，探究流媒体时代的"日常""展示"以及"形象"这三者之间的联系有着巨大的时代价值。虽然网络直播当下不再是热门的社会头条和公众寄以热切兴趣的日常消遣，网红打卡的展示矩阵、元宇宙里的人工智能应用，让每个公众疲于在线下或线上陷入一个个资本设定好的场景体验，一种社会性的疾病征兆正在隐隐显现，这些场景在公众的主体外创造出比生活本身诱人的幻境能力，将公众的记忆扁平化、形象抽象化、商品化。但是网络直播的平台展示了另一种指向，它向每位公众提供日常的情境再现，时空、人物和语言的日常化通向具体化的欲望———一种被情感包裹的视觉体验。它充满具体细节，空洞，但是不抽象，不缺乏想象力。

开发并不等同于发明，因为开发有原材料的设定和取向，而发明则可能基于凭空想象和偶然生发之上的无数次实践。艺术工作者的艺术实践不应该只是呈现无法解决的社会难题，而是要在日常的生活结构中发明感性的形象，把具体化的形式运用在身体和视觉的形象上，以复杂和意外的展示技术瓦解那些规范的假设和期待。日常并不会直接跟政治产生联系，但是不能忽略的是，日常可以是政治的，当日常与我们的权利相关时。

参考文献

中文参考文献

[1] 张永安,王学涛. 网络直播平台盈利模式、利润变化及驱动因素——基于欢聚时代的探索性案例研究 [J]. 中国科技论坛,2017(12).

[2] 袁爱清,孙强. 回归与超越:视觉文化心理下的网络直播 [J]. 新闻界,2016(16).

[3] 严晓芳. 场景传播视阈下的网络直播探析 [J],新闻界,2016(15).

[4] 王春枝. 参与式文化的狂欢:网络直播热潮透析 [J]. 电视研究,2017(1).

[5] 黄莹,王茂林. 符号资本与情感能量:互动仪式链视角下网络直播互动分析 [J]. 传媒,2017(8).

[6] 赵智敏. 基于"五常"传统伦理视角的网络直播行为失范与规制 [J]. 郑州大学学报,2019(5).

[7] 章然. 文化视角下的映客直播 App 传播研究 [D]. 南京:南京师范大学,2017.

[8] 张宁,苏幼真. 网络直播间:新部落的建构及其亚文化特征 [J]. 现代传播,2017(39).

[9] 兰茜. 网络直播现象中的视觉文化解读 [J]. 新闻研究导刊,2017(7).

[10] 吴嘉宝. 网红直播对受众非理性消费行为的影响探究 [D]. 江西:江西师范大学,2020.

[11] 黄楚新,吴梦瑶. 我国直播带货的发展状况、存在问题及优化路径 [J]. 传媒,2020(17).

[12] 贾毅. 网络秀场直播的"兴"与"衰"——人际交往狂欢盛宴文化陷阱 [J]. 编辑之友,2016(11).

[13] 李雪. 从媒介文化视角看网络直播火爆现象

[J]. 新闻研究导刊，2017（2）.

[14] 杨冉. 幕布后的表演——场景理论视角下的网络直播[D]. 安徽：安徽大学，2017.

[15] 刘鹏，李嘉宜. 直播聊天室：乡村声景与私人空间公共化[J]. 中国广播，2022（1）：15-20.

[16] 马克思，恩格斯. 马克思恩格斯选集第1卷[D]. 上海：人民出版社，1995.

[17] 麦茨，德勒兹，等. 凝视的快感：电影文本的精神分析[D]. 北京：中国人民大学出版社，2005.

[18] 汪民安，赵一凡. 西方文论关键词[D]. 北京：外语教学与研究出版社，2006.

[19] 罗岗，顾峥. 视觉文化读本[D]. 桂林：广西师范大学出版社，2003.

[20] 陈传兴. 银盐热[D]. 桂林：广西师范大学出版社，2015.

[21] 费瑟斯通. 消费文化与后现代主义[D]. 刘精明，译. 南京：艺林出版社，2000.

[22] 贝尔. 资本主义文化矛盾[D]. 赵一凡，译. 北京：生活·读书·新知三联书店，1989.

[23] 德波. 景观社会[D]. 王昭风，译. 南京：南京大学出版社，2007.

[24] 卡斯特. 网络社会的崛起[D]. 夏铸九，王志弘，译. 北京：社会科学文献出版社，2006.

[25] 列斐伏尔. 日常生活批判：第3卷[D]. 叶齐茂、倪晓辉，译. 北京：社会科学文献出版社，2017.

[26] 吴畅畅. 浅议当前普通群众参与的（电视）真人秀节目的生存现状与发展趋势[J]. 新闻大学，2016（4）.

[27] 王昀. 礼物、娱乐及群体交往：网络视频文化的公共性考察[J]. 新闻与传播研究，2017（9）.

[28] 哈贝马斯. 公共领域的结构转型[D]. 曹卫

东，译 . 上海：学林出版社，1999.

[29] 蓝江 . 数字异化与一般数据：数字资本主义批判序曲[J]. 山东社会科学，2017（8）.

[30] 费瑟斯通 . 消费文化与后现代主义[D]. 刘精明，译 . 北京：译林出版社，2000.

[31] 陈学明，吴松，远东 . 让日常生活成为艺术品——列斐伏尔、赫勒论日常生活[D]. 昆明：云南人民出版社，1998.

[32] 赫勒 . 日常生活[D]. 衣俊卿，译 . 重庆：重庆出版社，1999.

[33] 德塞都 . 日常生活实践：实践的艺术[D]. 方琳琳，黄春柳，译 . 南京：南京大学出版社，2015.

[34] 斯考伯，伊斯雷尔 . 即将到来的场景时代——大数据、移动设备、社交媒体、传感器、定位系统如何改变商业和生活[D]. 赵乾坤，周宝曜，译 . 北京：北京联合出版公司，2014.

[35] 梅罗维兹 . 消失的地域——电子媒介对社会行为的影响[D]. 肖志军，译 . 北京：清华大学出版社，2002.

[36] 鲍德里亚 . 消费社会[D]. 刘成富，全志钢，译 . 南京：南京大学出版社，2000.

[37] 菲斯克 . 理解公众文化[D]. 王晓珏，宋伟杰，译 . 北京：中央编译出版社，2001.

[38] 张献民 . 弹幕否定读图时代[J]. 凤凰都市，2016（04）.

[39] 卡斯特 . 认同的力量[D]. 曹荣湘，译 . 北京：社会科学文献出版社，2006.

[40] 吴声 . 超级IP——互联网新物种方法论[D]. 北京：中信出版社，2016.

[41] 吉特林 . 新左派运动的媒介镜像[D]. 张锐，译 . 北京：华夏出版社，2007.

[42] 菲斯克. 关键概念：传播与文化研究辞典[D]. 李彬，译. 北京：新华出版社，2004.

[43] 鲍德里亚. 完美的罪行[D]. 王为民，译. 北京：商务印书馆, 2000.

[44] 巴特. 明室[D]. 赵克非，译. 北京：文化艺术出版社, 2003.

[45] 戈夫曼. 日常生活中的自我呈现[D]. 黄爱华，冯纲，译. 杭州：浙江人民出版社，1989.

[46] 戈夫曼. 日常生活中的自我呈现[D]. 冯纲，译. 北京：北京大学出版社，2016.

[47] 吴声. 场景革命[D]. 北京: 机械工业出版社，2015.

[48] 库尔德里. 媒介仪式：一种批判视角[D]. 崔玺，译. 北京：中国人民大学出版社，2017.

[49] 东浩纪. 动物化的后现代：御宅族如何影响日本社会[D]. 褚炫初, 译. 台北：台湾大鸿艺术股份有限公司，2012.

[50] 黄少华，翟本瑞. 网络社会学：学科定位与议题[D]. 北京：中国社会科学出版社，2006.

[51] 林南. 社会资本：关于社会结构与行动的理论[D]. 张磊，译. 上海：上海人民出版社,2005.

[52] 东浩纪. 游戏性写实主义的诞生——动物化的后现代2[D]. 黄锦容, 译. 台北：唐山出版社,2015.

[53] 道格拉斯. 媒体奇观：当代美国社会文化透视[D]. 史安斌，译. 北京：清华大学出版社，2003.

[54] 本雅明. 发达资本主义时代的抒情诗人[D]. 王才勇，译. 江苏：江苏人民出版社，2005.

[55] 麦克卢汉. 麦克卢汉精粹[D]. 何道宽,译. 南京：南京大学出版社，2000.

[56] 沃尔特瓮. 口语文化与书面文化：语词的技术化[D]. 何道宽，译. 北京：北京大学出版社，2008.

[57] 黄孙权，刘益红.杀马特中的现代性——关于城乡空间生产斗争之社会展示[C].第34届世界艺术史大会，2016.

[58] 任远.论节目主持人[J].现代传播：中国传媒大学学报，1986（2）.

[59] 李冬冬.试论我国电视节目主持人的形象塑造[D].南昌大学，2007.

[60] 李普曼.公众舆论[D].闫克文，江红，译.上海：上海世纪出版社，2006.

[61] 梅罗维茨.消失的地域：电子媒介对社会行为的影响[D].肖志军，译.北京：清华大学出版社，2002.

[62] 齐泽克.幻想的瘟疫[D].胡雨谭，叶肖，译.南京：江苏人民出版社，2006.

[63] 巴特.形象的修辞：广告与当代社会理论[D].吴琼，译.北京：中国人民大学出版社，2005.

[64] 巴特.神话修辞术／批评与真实[D].屠友祥，翁晋仪，译.上海：上海人民出版社，2009.

[65] 詹姆逊.后现代主义与文化理论[D].唐小兵，译.西安：陕西师范大学出版社，1987.

[66] 史密斯.齐格蒙特鲍曼传[D].萧邵，译.南京：江苏人民出版社，2002.

[67] 辛德曼.数字民主的迷思[D].唐杰，译.北京：中国政法大学出版社，2015.

[68] 高世名.数字时代艺术何为？[N].文汇报，2021.

[69] 浦秋霞.从"观看"到"参与"：网络直播的场景建构[J].新媒体研究，2018（18）.

[70] 关萍萍.互动媒介论——电子游戏多重互动与叙事模式[D].浙江大学，2010.

[71] 李立.从奇观社会到媒体奇观：学术研究中的概念借用和理论转换[J].新闻界，2015（3）.

[72] 陈旭光. 消费时代明星形象的媒体建构与形象批判 [J]. 学术论坛，2015（7）.

[73] 李程，畅榕. 知乎用户的观展／表演行为研究 [J]. 东南传播，2016（9）.

[74] 孙敏. 互动与仪式：网络直播身份认同研究 [D]. 安徽师范大学，2018.

[75] 李普曼. 幻影公众 [D]. 林牧茵，译. 上海：复旦大学出版社，1993.

[76] 洛文克. 社交媒体深渊——批判的互联网文化与否定之力 [D]. 苏子滢，译. 重庆：重庆大学出版社，2020.

[77] 鲁明军."微叙事"及其知识机制——界面，速度与批评 [J]. 美术研究，2015（4）.

[78] 鲍德里亚. 仿真与拟象，后现代性的哲学话语 [C]. 汪民安，编. 杭州：浙江人民出版社，2001.

英文参考文献

[1] Xu Y, Ye Y. *Who watches live streaming in China? Examining viewers'behaviors*[J], *personality traits, and motivations.* Frontiers in Psychology, 2020.

[2] Dougherty, A. *Live-streaming mobile video: production as civic engagement*[C] //Proceedings of the 13th international conference on human computer interaction with mobile devices and services. 2011.

[3] Hamilton, W. A., Garretson, O., Keme, A. *Streaming on twitch: fostering participatory communities of play within live mixed media*[C] //Proceedings of the SIGCHI conference on human factors in computing

systems. 2014.

[4]Edelman, M. *From Meerkat to Periscope: Does intellectual property law prohibit the live streaming of commercial sporting events.* Colum[J]. JL & Arts, 2015.

[5]Taylor, T. L. *Watch Me Play: Twitch and the Rise of Game Live Streaming*[M]. Princeton University Press, 2018.

[6]Guarriello, N. B. *Never give up, never surrender: Game live streaming, neoliberal work, and personalized media economies*[J]. New Media & Society, 2019.

[7]Woodcock, J., Johnson, M. R. *The affective labor and performance of live streaming on Twitch. tv*[J]. Television & New Media, 2019.

[8]Struzek, D., Dickel, M., Randall, D., Claudia,M. *How live streaming church services promotes social participation in rural areas*[J].Interactions, 2019.

[9]Connie, C. *Observation on Live-streaming in China*[R]. Andreessen Horowitz，2016.

[10]Keilty, P. *Desire by design: pornography as technology industry*[J]. Porn Studies, 2018.

[11]Hein, C. Laura Mulvey, *Visual pleasure and narrative cinema*[J].Norderstedt, Germany: Grin Verlag, 2006.

[12] Ritzer, G. *Prosumer capitalism*[J]. The Sociological Quarterly, 2015.

[13] Zygmunt, B., David, L. *Liquid Surveillance*[M].Cambridge: Polity, 2012.

[14] Matt, H. *Fan Cultures*[M].Routledge，2005.

[15] Lefebvre, H. *Everyday life in the modern world*[M]. Transaction Publishers, 1971.

[16] Gapova, E. *Becoming visible in the digital*

age: The class and media dimensions of the Pussy Riot affair[J]. Feminist Media Studies 15.1, 2015.

[17] Poster, M. *Everyday (virtual) life*[M]. New Literary History 33.4, 2002.

[18] Lefebvre, H. *Critique of Everyday Life*[M]. Vol. 1. Translated by John Moore, 1991.

[19] Gillmor, D. *We the media: Grassroots journalism by the people, for the people*[M]. O'Reilly Media, Inc, 2006.

[20] Kaplan, A. M., Michael, H. *Two hearts in three-quarter time: How to waltz the social media/viral marketing dance*[J]. Business horizons 54.3, 2011.

[21] Manovich, L. *Software takes command*[M]. Bloomsbury Academic, 2013.

[22] Jenkins, H. *Textual poachers: Television fans and participatory culture*[M]. Routledge, 2012.

[23] Jacques, R. *The Emancipated Spectator*[M]. Verso, 2011.

[24] Dery, M. *Culture jamming: Hacking, slashing, and sniping in the empire of signs*[M]. Westfield, NJ: Open Media, 1993.

[25] Mullis, E. C. *Toward a Confucian ethic of the gift*[J]. Dao, 2008.

[26] Goffman, E. *Frame analysis: An essay on the organization of experience*[M]. Harvard University Press, 1974.

[27] Von Franz, M., Jung, C. G. *His myth in our time*[J]. New York: Putnam, 1975.

[28] Tudor, A. *Image and influence: Studies in the sociology of film*[M]. Routledge, 2013.

[29] Kershaw, B. *Curiosity or contempt: On spectacle, the human, and activism*[J]. Theatre Journal,

2003.

[30] Negri, A., Hardt, M. *Empire*[M]. Cambridge, MA: Harvard University Press, 2000.

[31] Negri, A., Hardt, M. *Multitude: War and Democracy in the Age of Empire*[M]. New York: The Penguin Press, 2004.

[32] Nancy, J. L. *The ground of the image*[M], tr. J. Fort. New York: Fordham University, 2005.

[33] Gilbert, S. *Du mode d'existence des objets techniques*[M]. Paris : Aubier, 2012.

[34] Morozov, E. *To save everything, click here: The folly of technological solutionism*[M]. Public Affairs, 2013.

[35] Bourdon, D. *Warhol*[M]. New York: Harry N. Abrams. Inc. Publishers, 1989.

[36] Crandall, J. *Andy Warhol*[N]. Interview. Splash, 1986.

[37] Hochschild, A. R. *The managed heart: Commercialization of human feeling*[M]. University of California press, 2019.

[38] Abercrombie, N., Longhurst, B. J. *Audiences: A sociological theory of performance and imagination*[M]. Sage, 1998.

[39] Craig, D., Cunningham, S. *Social media entertainment: The new intersection of Hollywood and Silicon Valley*[M]. NYU Press, 2019.

[40] Poster, M. *Everyday (virtual) life*[J]. New Literary History, 2002.

[41] Lefebvre, H. *Critique of Everyday Life*[M]. Vol. III. Translated by Gregory Eiliott, Verso, 2005.

电子文献引文

[1] 霍启明. 残酷底层物语，一个视频软件的中国农村 [EB/OL].http://mp.weixin.qq.com/s?__biz=MzAxOTMxNTUxNw==&mid=2651173228&idx=1&sn=570867d86c95eaef7fbab263655959bc&scene=2&srcid=0608ZfihoOSwCaSvPP8ipkIQ&from=timeline&isappinstalled=0#wechat_redirect, 2016.

[2] Zach, B. *How Netflix Uses Analytics to Select Movies, Create Content, and Make Multimillion Dollar Decisions* [EB/OL].NEIL PATEL, https://neilpatel.com/blog/how-netflix-uses-analytics，2018.

[3]Ringley, J. JenniCam - Frequently Asked Questions[EB/OL]. http://www.jennicam.org/faq/general.html，1998.

[4] Harry, T. *Whether We Like It or Not, Porn Rules Our Lives and Has Changed the Way We Live*[EB/OL]. This Is How, NEWS.COM.AU , https://www.news.com.au/technology/online/social/whether-we-like-it-or-not-porn-rules-our-lives-and-haschanged-the-way-we-live-this-is-how/news-story/2735d8b8b5c72246db3f8ef06c9364b2，2015.

[5] Carlos, G. 色情推动技术——成人网站的用户体验比 Youtube 好 [EB/OL].http://www.geekpark.net/topics/155894 , 2012.

[6] Herald, S. M. *Porn Makers Tap into Internet Social Networking Trend*[EB/OL].Sydney Morning https://www.smh.com.au/national/porn-makers-tap-into-internetsocial-networking-trend-20070112-gdp87j.html，2007.

[7] John, P. B. *A Declaration of the Independence Cyberspace*[EB/OL]. https://nakamotoinstitute.org/

cyberspace-independence/,1996.

[8] 西蒙栋.论技术物件的存在方式导论[EB/OL].许煜,译.Aubier,2012,https://www.caa-ins.org/archives/1384,2017.

[9] 佚名.鹿晗邮筒事件引热议,粉丝排队到凌晨3点为合影![EB/OL].http://baijiahao.baidu.com/s?id=1583511360318395262&wfr=spider&for=pc,2016.

[10] 克莱尔.慢综走红,这是一个能慢下来的时代吗[EB/OL].http://www.fx361.com/page/2017/0823/2180523.shtml,2017.

[11]Perez, S. *Tumblr's Adult Fare Accounts for 11.4% of Site's Top 200K Domains, Adult Sites are Leading Category of Referrals*[EB/OL], Tech Crunch, https://techcrunch.com/2013/05/20/tumblrs-adult-fareaccounts-for-11-4-of-sites-top-200k-domains-tumblrs-adult-fare-accountsfor-11-4-of-sites-top-200k-domains-adults-sites-are-leading-category-of-referrals/,2013.

[12] 电竞军团.陈一发被《人民日报》点名,斗鱼将对所有主播启动爱国主义教育![EB/OL].https://baijiahao.baidu.com/s?id=1607564006664515306&wfr=spider&for=pc,2018.

[13] Boos游戏解说.LOL阿怡终究还是凉了,代打门事件被曝光后,百万粉丝如同虚设[EB/OL].http://baijiahao.baidu.com/s?id=1602322141774811772&wfr=spider&for=pc,2018.

[14] 斯蒂格勒著.去无产阶级化的时代:后消费文化主义中的艺术与艺术训练[DB/OL].陈荣刚,译.https://www.douban.com/note/683627776/,2016.

[15] 真实故事计划.在快手,7亿种活法[EB/

OL].https://baijiahao.baidu.com/s?id=1589993601986817169&wfr=spider&for=pc,2016.

[16] 佚名.网络主播为梦想主播[EB/OL].http://www.sohu.com/a/241040044_99923511,2018.

[17] 大风号.网络主播蜗居10平米小屋：梦想还是要有的万一实现了呢[EB/OL].http://v.ifeng.com/video_17172969.shtml，2018.

[18] 佚名.襄阳网络nvzhubo1生存状态－梦想交织着欲望[EB/OL].http://news.cnhubei.com/xw/hb/xy/201608/t3687169.shtml，2017.

[19] 孙奇茹.网红主播来了,自媒体人慌了[EB/OL].北京日报.http://news.xinhuanet.com/tech/2016-07/29/c_129188378.htm，2022.

[20] btr.陆平原谈展览"第一个艺术家"[EB/OL].http://www.artforum.com.cn/interviews/13601，2021.

鸣 谢

伴随着女儿的嬉闹、长辈的叮嘱和丈夫的催促，本书的写作终于幕布将阖，行至尾声。

特别感谢我的导师高世名教授。本书的写作思路是求学期间在高老师富有洞见的点拨下构筑的。该书的出版也在他的催促下得以完成，实感羞愧。高老师渊博的专业知识、严谨的治学态度与虚怀若谷的处世态度都对我做人、做学问产生了深远的影响，也正是他充满力量的文字让原本作为艺术创作工作者的我对写作饱含敬意。

感谢黄孙权教授、姚大钧教授、陆兴华教授、孙善春教授以及石可教授为本书提供的指导和建议。

近七年间，那些深夜在网络直播间和同为用户的我闲聊的网红、草根主播以及弹幕围观者都相忘在网络的江湖，但我希望大家现在都有着丰盈的人生，而那些过往的夜晚也正是有了大家的陪伴，才使得我苦闷的写作充满琐碎、扎实的幸福感。

我对网络直播的兴趣源于我的先生，他喜欢网络游戏，时常会饶有兴致地给我讲述网络直播的趣事，也因此带我走进了这个日常奇观的平台，并开始了持续六年的求索。感谢他对我情感和生活上的支持和理解，感谢我的父母和公公、婆婆在本书写作期间帮我照顾爱女，让我全身心投入写作当中，他们是我强大的精神支柱。感谢我亲爱的朋友任晓栋博士，在我学习和工作中都予以我最大的关心和支持。

初稿完成于四年前，至今日流媒体直播的热度仍未稍减，并开始升级为各大电商的功能性战场，各类看似荒诞的社会展演还在我们身边继续。如今 ChatGPT 和元宇宙已成为新的关键词和资本解药，也成为艺术家们开发的新战场和灵感材料。然而，艺术工作者的战场不一定在它处，也不一定只能依靠技术的假肢，在艺术与科技融合的全力以赴之下，我希望以日常形象作为视角展现流媒体直播平台的一些肉感的痕迹，展现我们可以以自身完成的、关于创造的想象力。

2023 年 5 月

责任编辑　章腊梅
执行编辑　宋邹邹
装帧设计　灵泽广告
责任校对　纪玉强
责任印制　张荣胜

图书在版编目（CIP）数据

流媒体时代的日常、展示与形象 / 张晨著 . -- 杭州：中国美术学院出版社，2024.3
ISBN 978-7-5503-3112-9

Ⅰ.①流… Ⅱ.①张… Ⅲ.①媒体－研究 Ⅳ.① G206.2

中国国家版本馆 CIP 数据核字 (2023) 第 178091 号

流媒体时代的日常、展示与形象
张晨 著

出 品 人：祝平凡
出版发行：中国美术学院出版社
地　　址：中国·杭州南山路 218 号　邮政编码：310002
网　　址：http:// www.caapress.com
经　　销：全国新华书店
印　　刷：杭州捷派印务有限公司
版　　次：2024 年 3 月第 1 版
印　　次：2024 年 3 月第 1 次印刷
印　　张：8.625
开　　本：889mm×1194mm　1/32
字　　数：200 千
印　　数：0001－1000
书　　号：978-7-5503-3112-9
定　　价：68.00 元